RURAL INNOVATION HER

乡创英雄榜

乡 创 中 国 20 年

《乡创》编辑部 主编

廣東旅游出版社
GUANGDONG TRAVEL & TOURISM PRESS

中国·广州

图书在版编目（CIP）数据

乡创英雄榜/《乡创》编辑部主编 . — 广州：广东旅游出版社，2024.4
ISBN 978-7-5570-3281-4

Ⅰ . ①乡⋯ Ⅱ . ①乡⋯ Ⅲ . ①城乡建设－先进工作者－事迹－中国－现代 Ⅳ . ① K828.1

中国国家版本馆 CIP 数据核字（2024）第 065379 号

总　策　划：封新城
出　版　人：刘志松
执行主编：丁晓洁
执行编辑：赵渌汀　张君会　王一丹　阿灿
责任编辑：张晶晶　梁诗淇　黎娜
装帧设计：万璠卿
责任技编：冼志良
责任校对：李瑞苑

乡创英雄榜
XIANG CHUANG YING XIONG BANG

广东旅游出版社出版发行
（广东省广州市荔湾区沙面北街 71 号首层、二层）
邮编：510130
电话：020-87347732（总编室）020-87348887（销售热线）
投稿邮箱：2026542779@qq.com
印刷：广州市岭美文化科技有限公司
　　　（广州市荔湾区花地大道南海南工商贸易区 A 栋）
开本：787 毫米 ×1092 毫米　16 开
字数：150 千字
印张：15.125
版次：2024 年 4 月第 1 版
印次：2024 年 4 月第 1 次
定价：68.00 元

[版权所有 侵权必究]

本书如有错页倒装等质量问题，请直接与印刷厂联系换书。

乡创
CHINA

乡创 中国
COOL FUTURE

前 言

2023 年初,我们策划发起了"乡创英雄榜·乡创中国 20 年"的评选活动。这个评选是一次对过去 20 年在中国乡村创新和发展中杰出贡献的致敬,目标是找到那些最能代表当下时代精神、对中国乡创事业做出杰出贡献的 21 位领军人物。我们将这些人命名为"乡创英雄",他们不仅仅是当代中国乡村建设的坚实基石,同时,也是推动未来乡村进步的重要动力。

人才,是乡村建设的核心动力。因此"乡创英雄榜·乡创中国 20 年"的评选标准,不局限于他们现阶段所取得的成就,更重要的是他们作为乡村潜在人才的能量。他们用各自的领域的智慧和实践,在为中国的乡村发展不断探索新的方向,创造出新的经验,提供了宝贵的借鉴。他们的故事和成就,将成为未来乡村发展的灯塔,引导着各地乡村的建设与创新。

"乡创英雄榜·乡创中国 20 年"评选深深植根于国家对乡村振兴的长期承诺和对美好乡村愿景的追求。乡创运动本身就是中国"乡村振兴战略"的一个缩影,它历经二十年的孵化期,逐渐萌芽、茁壮成长,最终开花结果。如今,它已经成为全国范围内的一股热潮,不仅改变了乡村的面貌,也成为推动社会进步的一股不可阻挡的力量。在这一运动的推动下，一系列富有本土特色、体现当代生活价值观并具有前瞻性的乡村建设项目如雨后春笋般涌现，它们不仅关注经济效益的提升，同时还注重乡村生活质量的提高、生态环境的保护和文化遗产的传承，已经在中国的大地上展示出了乡村复兴的阶段性成果。

我们最终选出的 21 位"乡创英雄"，成为了这本书的主角。他们是乡村创新的标杆，也是中国乡村精神的最佳诠释。他们的实践故事，共同勾勒出了一幅中国乡村创新现状的缩略图。

在他们之中，有返乡的服装设计师，致力于探寻和保护那些濒临消失的传统手工艺；有潜入深山的纪录片摄影师，通过种植咖啡树努力振兴被遗弃的村落；有推广多业态乡村社区模式的"最美女主播"，鼓励人们探索乡村生活方式的无限可能性；有在老家投入了长达 20 年的时间和精力的成功企业家，为的是给人打造一个"回得去的故乡"。

更多从城市回归乡村的先行者，带来了新的视野和思想，为乡村发展注入了新的活力，发展出多元化的新型业态。他们有的在构建服务于全体乡村的"操作系统"，有的专注于发展具有地方特色和前瞻性的民宿产业，有的则把国际艺术节带到乡村，用艺术架起了沟通多个维度的桥梁。无论是经验丰富的建筑师、本土艺术家，还是具有时代洞察力的媒体人，他们都以各自的方式为乡村居民打开了一扇看世界的窗户，也为乡村注入了多维度的发展潜力。

同时，创业者们在乡村寻找新机遇，用创新的思维重塑传统产业，构建起一条条新的产业链。专业人士在乡村文化旅游领域绘制新蓝图，为旅游业注入新动力。在更高的学术研究层面，有北大教授站在时代前沿，研究"故乡畸形城镇化"的问题，并正在实践解决方案。

乡村的价值是无可替代的。它与城市相比，更接近自然，更接近食材的本源，更易于形成紧密的社区联结，并拥有丰富的历史和文化资源。选择乡村生活的人们，为自己的生活方式感到自豪："乡村拥有一切"，他们所建立的正是基于这一价值观的生活方式。"乡创英雄"们被乡村的独特魅力所吸引，并从各自的视角和方式探索并传播这种魅力，吸引更多人来到乡村，为面临人口减少和老龄化问题的乡村注入新的活力。他们不仅为乡村带来新的经济路径和就业机会，同时颇具前瞻性地认识到乡村独有的文化、历史、特产和自然环境的价值，并利用现代的视角对其进行品牌建设，这样的努力已经在全国各地逐渐展开。

通过这一份"乡创英雄榜·乡创中国20年"，我们旨在发现更多致力于乡村建设的先锋人物，以表彰那些不断探索的"田园牧歌骑士"。我们研究返乡人才的样本案例，以期实现乡村资源的有效连接，深入探索乡村发展的新趋势，并着力描绘乡村美好的未来图景。这个榜单不仅是对他们贡献的认可，也是激励社会各界关注并投身于乡村振兴事业的一个重要举措。通过这样的平台，希望激发更多人的热情，共同参与到这场从乡村出发的未来事业中来。

"乡创"中国编辑部

田　园，地　球　的　头　等　舱

我　们　不　走　向　世　界，世　界　会　走　向　我　们

《乡创英雄》肖像油画创作手记·阿老姜

画人物最头痛，但画完更懂乡创真谛

大约是 2023 年 3 月，封新城找到我，说《乡创》杂志在做一个乡创人物的评选，希望我能把几个"乡创英雄"画出来。这些人有的我见过，有的并不相识。这四名乡创英雄分别是来自四川成都明月村的宁远、在云南高黎贡山"种咖啡"的王大勇、从浙江东阳大山深处走出来的林栖和在广东湛江雷州半岛做乡建实验的陈宇。

接着我就开始陆续前往这些人的所在地。最先去的是宁远的明月村。和封新城刚到明月村的那天，我还有点不太舒服，中午也没吃饭，睡了一小觉以后才和宁远聊上，加起来也才两个小时。

不过我对宁远印象深刻：她是一个乡村实践者，一个蜡染爱好者，也是一个优秀作家，一名资深文青。动笔画宁远之前，我想把这些元素融入画里，所以我把明月村最有特色的蜡染布作为背景，它有皱褶，像被风吹过的波纹，但乍一看它又是一座大山，这也和宁远从老家米易县的那些大山形成呼应。在山上，我画了一个朦胧的月亮。为什么要画个月亮呢？我有两方面考虑——

宁远做服装，做民宿，做文旅，她本人写诗，写小说，写文艺作品，是资深女文青，那么月亮到了画里，就会凸显出她本人，以及她所扎根的明月村的某种梦幻色彩；另一方面，宁远所在的村就叫明月村，一个月亮，正好能对应上她所在的那个地方。

我还在她的身后画了一些桃花，这些桃花都是参照她的家乡米易县的一些桃树和桃花去画

的。在这幅画里，我在宁远的左手边画了一本书，这是我和她见面时，她送给我的一本书，也是她自己写作经历中的第一本小说——《米莲分》。

画出来了以后，宁远本人比较满意，而我自己想表现的，其实是一半梦幻，一半现实的感觉：梦幻的是她自己画的画、写过的文字、她憧憬的那些文艺范儿，而现实的，又是她耕耘的服装、印染、蜡染、民宿，这些都是她认可的生活方式。

画王大勇的时候，我脑子里想的是，这就是一个种咖啡的汉子。当年他带着一群小伙子和年轻姑娘，去高黎贡山上一个叫做石梯寨的村子，像修行人一样，从头开始，种下咖啡树苗。王大勇最早是自己拍纪录片，发现这个地方有过辉煌的咖啡历史，我记得他给我描绘过他自己看到当地的一棵树，他觉得这棵树长得非常好，因此认为这个地方一定可以做出好咖啡。

所以我去高黎贡山时，让他找到当年激励他的那棵树，我就让他站在那颗树旁边，给他拍了几张照片。画王大勇的过程其实是最写实的过程，因为色彩基本上都是写实性色彩，而他身旁的那棵树，就是让他决定上山种咖啡，并最终留在山上的最主要原因。

王大勇留在山上，林栖则是当年从大山里走向城市。我和封新城去年在东阳住过一晚，当东阳人林栖听说我要给她画画时，她给我提了一个要求：让她最得意的作品——马面裙进入画作。

林栖从小生活的东阳三单村，这里有非常

2023年8月20日，阿老姜在个人画展上和四位乡创英雄、策展人封新城合影。

多传统的、非物质文化的遗产，她后来离开大山，创办了自己的服装品牌，并且把马面裙作为个人形象标签。这个过程很不容易，所以在画作里，你可以看见她气质和温婉的那一面，但也可以从她攥紧的拳头，看出她有个性和行动力的那一面。这个画林栖自己也很满意，她们团队后来参加巴黎时装周，还把我这幅画作为了参展的海报之一。这幅画的整体基调是绿，也只有绿——绿代表田野的野，它同时又是乡村的乡。尽管林栖的服装事业在广州，但她的根在田野，在乡村，在东阳，她的画作背景，就是她过去生活过程中的绿。

我最后画的一个人是陈宇。他从小在雷州半岛，也就是中国大陆的最南端长大，所以我让他坐在凳子上，面对镜头，一个气场强大的企业家的形象就出来了。我还发现他平常手不离雪茄，所以就把雪茄也画进去了。他的背景色彩比较丰富，但总体来看，还是他最熟悉的大海为背景。大海色彩斑斓，也寓意他的事业同样丰富多彩。

说实话，画人物一直是我最头痛的一件事，首先你得画得像人家，其次你还需要把不同人从事的事业、环境特点融入人物肖像中，尽可能地通过画面呈现出来。

去年在杭州的乡创论坛上，我说过这样一个观点：我画的这几位乡创英雄——宁远、王大勇、林栖、陈宇，他们虽然来自不同的地区、山区和村落，但他们做的事，都不局限于传统的农业生产，他们都有一些既基于物质，也指向精神的元素。这些元素和这群人，在当代乡村建设中的地位特别重要。因为在过去，乡村生产是以满足物质需求为主，而这几位乡创英雄的乡创项目，都有个共同的特点，那是以满足现代人的精神需求为主。比如封新城凤羽的大地艺术谷，宁远明月村的乡村音乐会，陈宇足荣村的方言电影节等等，这些都满足了现代人的精神需求，这就是时代的进步。

所以我觉得，虽然我只给这四位乡创英雄画了画，但我也用行动参与到了当代乡创的进程中。我走在田野时，也更懂乡创真谛了。

（口述／阿老姜 整理／弗航克ZHAO）

乡创
COOL FUTURE
2024

首届乡创英雄榜

指导单位：中国乡村振兴研究院

主办：广东旅游出版社有限公司

策划执行：乡创中国 / 一筑一事

承办：广州慢城文化传播有限公司

推荐委员会

唐园结：中国乡村振兴研究院院长、
　　　　前《农民日报》社社长
丁俊杰：中国传媒大学国家广告研究院院长
封新城：新周刊创办人、乡创中国发起人
曾　怿：搜狐集团副总裁
胡一平：笹川日中友好基金资深研究员
刘志松：广东旅游出版社社长
夏燕平：《中国村落》总导演
王圣志：《中国这么美》总导演
熊晓杰：时代文旅董事长
聂荣庆：昆明当代美术馆馆长
王跃春：《中国慈善家》杂志社副社长
许继锋：《大地家宴》总导演
王牧之：一筑一事主理人

Contents 目录

林　栖	把外面的世界带回山里	001
王大勇	做云南咖啡的"翡翠庄园"	010
宁　远	"她们"活成一棵树，修复明月村的根	022
陈　宇	打造一个"回得去的故乡"	032
王　旭	我是那个做操作系统的人	044
李政羲	"借宿"和它的乡村赛道	056
夏雨清	追寻远方的家，他建起"宿集江湖"	066
八　旬	用艺术去开荒	076
林　登	喜林苑的 Linden Center	086
孙　倩	大地艺术节在中国：授权是一个开始，本土化是一项使命	096
沈建平	养猪，也可以养出一个旅游景区	106

陈长春	在乡村重新构建生活体系	116
宋　群	上坡、下山，守望"活着"的乡村	126
黄印武	二十年后，"沙溪故事"还可以慢慢讲	136
小　熊	从一间民宿到一个村庄	146
俞孔坚	一个北大教授的乡村实验	158
王求安	每位村民心中都有一座理想住宅	170
周金枝	打造中国的"热带田园综合体"	180
陈国栋	以"無名"为名，构造立体的乡村营建	190
左　靖	从碧山到大南坡，行走在乡间的"大地诗人"	200
陈文令	奔向大地，但不要辜负这片土地	210

乡创运动与乡创学（丁俊杰） …… 220

乡创英雄榜·乡创中国20年 | RURAL INNOVATION HEROES

英雄榜
国20年

乡创
CHINA

乡创英雄榜·林栖 | RURAL INNOVATION HEROE - Lin Qi

《乡创英雄——林栖》/ 布面油画 60X50cm / 绘画：阿老姜

林 栖
把外面的世界带回山里

LIN QI: BRINGING THE OUTSIDE WORLD
BACK TO THE MOUNTAINS

集结三十六行，维系乡间烟火气，
守住一份人情味。

乡创英雄·林栖

RURAL INNOVATION HEROE - Lin Qi

林栖三十六院创始人

几座大山，几百亩梯田，上百间村落里的老房子，乡村中渐被人们放弃的容身之所，正在建成一个耀眼的乡建新星：中国东阳·林栖三十六院·传统手工艺度假村。

从动念到如今不过两年多，林栖三十六院已经建成美学院、非遗手艺工坊、民宿及露营基地、研学游项目与线上农产品销售体系，整个乡创产业链条正在顺畅铺开并迅速形成闭环。2021年，三十六院获得第十一届公益节年度扶贫典范奖，粤港澳文化创新大奖。2022年3月，浙江省文化和旅游厅发布《文化和旅游促进共同富裕最佳实践案例》，林栖三十六院荣获共富最佳案例之一，构筑三维消费场景，打造非遗生态圈，探索文旅富民新模式。

大山里的"三十六"

回到联合村的一日时光特别耐过。这天六点林栖就和搭档陈默一起出发，在三单乡党委书记杜建强带领下，到三单乡山顶的鹤西村看旧房子。鹤西村支部书记早早在村口等着他们，带他们寻找打算拆除掉的老式木质房屋院落。见证这两年林栖三十六院的快速成长，市、乡、村各级政府都特别支持林栖三十六院的事情，常常为他们提供政策指引和待拆迁房屋、待流转土地信息。现在国家大力提倡乡村振兴、美丽乡村建设，三单乡目前只有林栖三十六院一家在做乡建事业，政府、当地老百姓和林栖团队，劲儿都在往一处使。

山间云雾缭绕，不时飘起几只白鹤缓缓飞入云中，叫声引得鸡鸣犬吠，炊烟袅袅，山村的清晨宁静而热闹地铺陈开来。

"我们不等，说干就干，有时候一起进山跑步，我说那座山很美，可以做一个高处的露营基地，林栖立刻回应，那咱们就把它拿下，你等着我去签合同。"陈默这样评价搭档林栖，而林栖称陈默为"黄大仙，有求必应"，"所以人家称我俩是'默栖'组合，我说我喜欢山里的老房子样式，陈默就能把山里的老房子整个拆下来原样建造成一个蓝染工坊。"

浙江东阳市三单乡联合村，这个鲜为人知的小山村因为林栖带着团队的归来，开始重现传统村落生活图景。

说"归来"是没错的，创始人林栖曾经就从这里走出去。作为大山的女儿，林栖读小学的时候才从联合村深山处的三十六自然村搬下来住进乡里，读职中才离开乡里进入城市。

"以前读书要从山里走很久走下来，带着米和霉干菜，白天上课时轮值的同学要负责在伙房烧好全班人的饭菜。"

一条仅通一人的山间小路向着大山深处的三十六蜿蜒，路的尽头就是林栖小时候读书的学校。如今，林栖把这座废弃已久的危房保护起来，保留学校原来的泥土墙，改造成讲述儿时记忆和当地非遗技艺"荷花被"的美学博物馆，成为三十六院提纲携领的首个院落。

新旧交融的空间改造手法是三十六院的村落重建计划基本原则，目前租用的联合村几十间老房屋和以后在整个三单乡范围内寻找到的

所有旧房子都会奔着这个原则以旧修旧。村里的每一栋老房子都蕴藏着村民的汗水与智慧，传承千年的榫卯结构，让一颗颗树木变成遮风挡雨的房屋，一块块石头形态各异却能互相吻合堆砌成一道道坚不可破的屋檐。为了尽可能体现旧房子的魅力，林栖团队甚至四处打听谁家要拆掉老房子，出钱帮他们拆除，一根木头一块石头人工搬回来，尽最大能力为老房子恢复原貌并赋予新的生命。

留住旧时人情味

住久了城市的钢筋水泥墙，林栖觉得乡村生活就是远离闹市的"世外桃源"，就是纯真简单的儿时明月乡。

"我最近经常回到乡村，在这里我感到满满的能量。那里的一个姐姐，口袋里会兜着花生，

乡创英雄榜·林栖 | RURAL INNOVATION HEROE - Lin Qi

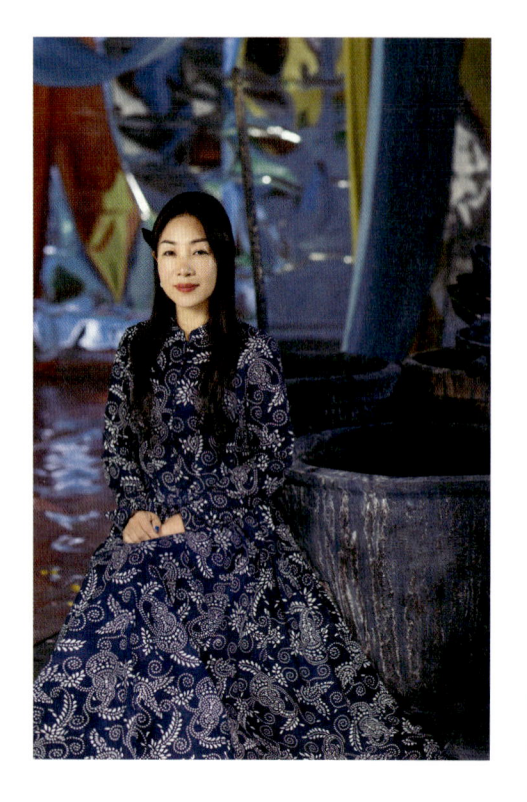

拉着我说，林栖林栖，花生给你吃。有时候他们攒着米酒，说这是我亲手酿的，你带回去给你爸爸喝。有送红薯的，送青菜的，送萝卜的，这些看着不值钱，但有沉甸甸的爱。我经常会碰到这样的一些人，她们善良、体贴而又温暖，这满满的人情味，让我异常感动。"

据统计，在中国 10 年间近百万的自然村落消失，平均每天消失上百个。无数人的故乡在记忆里渐行渐远，"留不下的城市"和"回不去的故乡"成了现代人之痛。70 后不愿意种地，80 后不会种地，90 后不考虑种地，在今天的农村，留下来的绝大多数是孤寡老人、留守儿童，熟悉的村庄正在慢慢消失，熟悉的人情味正在慢慢淡化。

"当年我是以中国当地第一品木雕专业的艺术中专生的身份考入服装设计院校，收到录取通知书的时候我们家好为难，根本没有能力供我读大学。我就给我爸爸打工的工厂老板写了一封信，问他能不能预支我爸爸半年的工资给我交学费。"工厂老板大为感动，召开全厂大会读了林栖的这封信，并真的预支了爸爸的工资，让他带回家给女儿交学费。

那时候的人情味，就是互相抱团的温暖，是村子里的山水人情之间流动的情绪和情感。

1998 年，大学毕业的林栖创立汇美集团的前身广州汇美服装厂，2014 年她又创立了互联网女装品牌"生活在左"，3 年就实现了 2 亿元的销售额。"这个品牌是我一直以来内心真诚的梦想，我想做一件使顾客感到真诚的衣服，把衣服承载的感情和心情带给所有人。"林栖说，"生活在左"的衣服全部用非遗技艺打造，通过不可复制的手工，还原生活的本质与内心的真实状态。

林栖作为创始人和设计师，会跑遍全国亲自为"生活在左"寻找遗落在中国传统村落中的传统手工艺。2017 年，林栖发起了"寻迹之旅"，回到故乡三单乡联合村采风，看到这里的村庄整村搬迁之后，只剩下一栋栋空置的旧屋。之后的几年间，林栖走过全国很多有代表性传统工艺的村庄，同样发现无数人的故乡渐行渐远——"这么美好的山村和民间技艺正在消失，我们是不是

可以通过自己的努力改变这一切？"

有想法就去实现它，这是林栖的人生态度，通过读书走出大山是这样，创立实现自己梦想的品牌是这样，回到大山改变农村面貌也是这样。2020年，林栖决定回到三单乡进行全域规划，以共富振兴为目标，打造不可复制的传统手工度假村集群，留着自己的根。名字，就叫林栖三十六院，"一方面是指我出生的地方，另一方面也是想要集结三十六行手工艺"。

不可复制的手工

有了目标和名字，林栖没有走寻常路，四处考察和借鉴中国其他地区的乡建模式，她就在广州邀请了包括陈默在内的空间设计师、创意园规划师、互联网品牌运营专家等几个好朋友，连夜脑暴，一口气制定出林栖三十六院的整体规划。

"我是做互联网品牌出身，我明白做任何一件事情的套路方法都一样，盘活现有资源，打通产业链，链接目标用户，形成产品开发到用户购买的闭环。"

三单乡拥有风景、土地、农产品、民间技艺工匠和当地特色建筑古村落；林栖拥有资金、生活在左品牌一直合作的非遗技艺活化体系、

乡创英雄榜·林栖 | RURAL INNOVATION HEROE - Lin Qi

1000万用户和20万私域会员、建筑和设计专家、生活美学创作者和艺术家——这个链条完全有可能完美闭合，完成林栖心目中"传统手工度假圣地"的愿景。

先寻找废弃的土地和房屋，林栖带着团队在全乡范围内一家一家寻找农户谈合作。"现在找我们去看村子看院子的政府领导和同乡特别多，他们知道我们在做什么以后都很欢迎我们去谈。刚开始还没有动工的时候，我们就是一户一户去拜访，聊需求，聊合作方式。"

林栖的项目用地灵活使用多种形式，不知不觉签订了中国乡建模式中所有的土地合作形式。"农户提出的流转租用、合作改造、共同经营等各种方式我们都欢迎，因为初心是共同富裕，所以只要农民愿意谈，我们就不怕谈不下来。"

乡村村落的问题是复杂的，再复杂抵不过初心单纯。

从旧学校改造开始，第一座院落群不到一年建成。包括美学博物馆，民宿、"荷花被"印染体验研学中心、餐饮会议中心，以及完全由传统技艺搭建成的"粮仓"。接着在旁边的山上建造野奢露营基地，山谷里又一座高端民宿和大锅饭、柴火饭特色餐饮，继续沿着山谷修建榫卯结构小木屋、山谷露营空间。改造三单乡的旧祠堂，做成蓝染主题的美学院。

"我要让这里成为城市人心目中的乡村天堂，舒适奢华，但每一幢建筑都保持与自然依存的面貌，让它们就像从土地上自然生长出来一样。"把偏远的小山村打造成传统手工度假圣地，道路交通、水系景观、梯田景观、植被景观等相关问题要提交分区设计、专项设计等方案，经过层层审核，其中需要付出的努力可想而知。这一个院落群的建成，大家都看到林栖实实在在地为村民谋幸福，为农业谋发展，为农户谋出路。

电商思路活化非遗

印染体验研学中心是三十六门手艺落地三十六院的"样板房"。楼下是银匠工作台、染坊、织布间，一位来自贵州的银匠长驻这里，埋头制作各种银饰；楼上是产品陈列室和直播间，除了展示琳琅满目的蓝印花布服饰和生活用品，林栖专门派驻了一个团队，每天直播推广产品，并为当地村民公益培训直播技能，这里成了三单乡重要的电商直播孵化基地。

接下来的重头戏就是重修散布村落中的178座老房子，筑巢引凤，把东阳、浙江甚至全国的手工艺人集结起来，让他们专心创作自己擅长的手工艺精品。

"东阳是著名的'百工之乡'，所谓三十六行，我想表达的是很多行业。我把基础设施搭建起来，邀请有情怀的手工艺人入住。他们只需要专心创作，我来调动服装品牌积累的千万用户，线下体验、线上销售，我的服装品牌供应链在这里完善起来。我的vip会员定期到这里享受旅游、研学等福利，这不就是一个完美的闭环吗？"

比如蓝染工坊，"穿我衣服的人群本来就是对天然、环保、传统手工要求高的人，他们在全手工的蓝染工坊体验采摘植物、提取色素、为服饰染色等非遗手工程序，会对传统文化产生更强烈的共鸣。"

"比如说我们请农户种地付工资，种好的东西全部回收，实现增收增产。重点围绕可观赏、可体验、可分享、可使用的耕织内容：蓝草可做新叶染体验互动，也可做很好的拍摄场景，成熟后提取蓝靛泥可供染坊做染料；有机稻谷、豆子、油菜籽都具有很好的观赏性，可供工坊原材料供应，科研学习，也可满足日常所需。"

充分利用线上渠道也是三十六院为农业谋发展的重要思路。为解决三单乡村农民产品销量低的问题，三十六院从各家村民手中挨家挨户收集食材组成五谷丰登大礼包，通过"林栖三十六院"线上小程序售卖，为现代人带来原生态无污染的健康食品的同时也达到为村民谋

乡创英雄榜·林栖 | RURAL INNOVATION HEROE - Lin Qi

幸福、为农户谋出路的目的——春节期间收购的第一批大礼包迅速销售一空。"以后我们可以在种植的时节一边邀请农民耕种我们的土地，一边跟农民自己的耕地下订单，高标准的有机农产品，哪个城里人不喜欢？"

最近，林栖正在策划"人情味"大地艺术节，邀请各行各业的艺术工作者，分享自己从山川、乡村和田野中获得的灵感，用雕塑、装置、音乐、绘画、声音、食物等任何艺术形式落地三十六院，打造一个没有屋顶的乡村艺术馆，通过艺术吸引更多的城市人关注人情味，关注高品质的乡村度假生活方式。

中秋，这里有帐篷音乐节，以98元一晚的公益票价邀请城乡人自带帐篷露营，听音乐、巡馆、烧烤赏月——远离城市喧嚣，做几天山谷里的自然居民。

有情怀，也有完整的产业链思路，不得不承认，林栖三十六院的乡建模式之成功，指日可待。

（文/张君会）

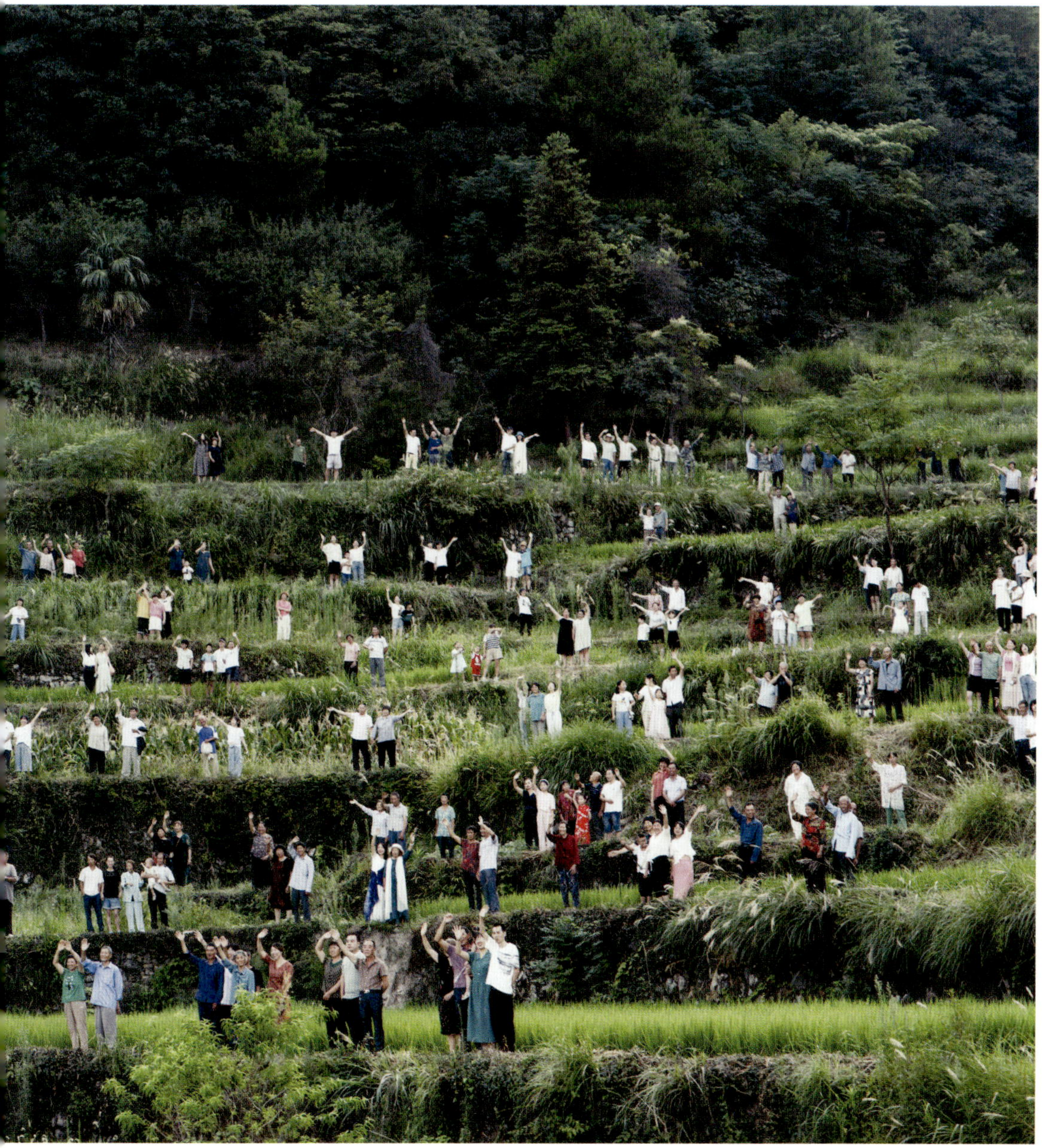

乡创英雄榜·王大勇 | RURAL INNOVATION HEROE - Wang Dayong

《乡创英雄——王大勇》/ 布面油画 60X50cm / 绘画：阿老姜

王大勇
做云南咖啡的"翡翠庄园"

WANG DAYONG, CREATING 'JADE MANOR' FOR YUNNAN COFFEE

用一粒咖啡豆挽救废弃的空心村。

乡创英雄·王大勇

RURAL INNOVATION HEROE - WANG DAYONG

云南保山山顶一号咖啡庄园创始人

如果不了解高黎贡山及石梯寨的生态环境，就不能明白深圳艺术家、摄影师王大勇来到这里的出发点。

高黎贡山地处怒江大峡谷，山势陡峭，峰谷南北相间排列，有着典型的高山峡谷自然地理垂直带景观和丰富多样的动植物资源，被誉为"世界物种基因库"，是近10年来中国已发现物种最多的自然保护区。

石梯寨是高黎贡山东麓的一个古老村落，村庄海拔约1800米，是目前中国已知可种植小粒咖啡的极限海拔区域。村内文化遗产丰富，自然风貌奇特。

400年前徐霞客曾在此驻足，《滇游日记九》中有这样一段话："百家倚峰头而居，东临绝壑，下嵌甚深，而其壑东南为大田，禾芃芃焉。其夜倚峰而栖，月色当空，此即高黎贡山之东峰"，描述了石梯寨日可远眺高黎贡、俯瞰大峡谷，夜可观星辰、享静谧的绝美景象。

2016年12月，王大勇因为拍摄中国咖啡的纪录片，无意中发现了这个在400年后被遗忘的村落。他用无人机拍到石梯寨，是一个泉眼干枯、树木凋落、房屋废弃、荒无人烟的空心村，像一块伤疤孤零零的立在群山之间。

"我心里升腾起想要保护它的冲动"，王大勇说。他为这个模糊却强烈的冲动寻找到一个榜样：巴西的摄影大师塞巴斯提奥·萨尔加多。"他是一个伟大的摄影师和经济学家，见证了上个世纪人类所有的苦难。他的祖父有个农场，和众多山野一样水去兽空，什么都没有了。他创办了一个研究中心恢复这片山野，栽了200万棵树，让荒芜的山脉重焕生机。"

王大勇带着他的团队留在了石梯寨，他放下摄像机，扛起锄头，端起咖啡杯，完成了从艺术家向咖啡庄园缔造者的华丽转身。他给咖啡庄园取名"APEXONE"并作为品牌商标，"APEX"意为最高处、极致，"ONE"是一，代表专注和永恒，汉语直译过来，即"山顶一号"。

用一粒咖啡豆挽救废弃的空心村

云南咖啡大规模种植始于上世纪50年代中期，至1963年，省内咖啡种植面积达到5万多亩，其中80%以上集中在保山市；到1993年，保山咖啡迎来了巅峰时刻——在比利时布鲁塞尔举行的世界咖啡鉴定大会上荣获尤里卡金奖。无论从种植面积还是产量，云南咖啡已确立了在中国国内的领先地位。

也因此，作为摄影师的王大勇跟随央视纪录片频道深入保山拍摄《中国咖啡》。不想却在

拍摄过程中遇到很多障碍，团队选择了六条产区种植的主线，都很难再往前拍。"很多人都说云南是被世界咖啡市场低估的产区，云南的咖啡豆是最好的，但为什么好？好在哪里？和其他咖啡产区横向对比的优势在哪里？没人说得清楚。"

而且作为中国咖啡重要产区，当时的整个潞江镇竟然没有一家真正意义上的咖啡馆。"有一天晚上在我提出这个疑问后，高黎贡山旅游度假区管委会办公室副主任敲开一家咖啡贸易商的门，给我煮了第一杯咖啡。当时我心里很矛盾，这里是一个了不起的产区，它有辉煌的荣誉和了不起的气候，但同时买不到一杯好咖啡，没有经营、推广咖啡的空间，种咖啡的农民甚至一辈子没有品尝过自己种出来的咖啡。"

这时的王大勇遇到了石梯寨，这里有1830米的极致海拔，以及北纬24度56分的咖啡生长黄金纬度，他想：如果在这里种植高质的阿拉比卡咖啡豆，绝对是世界上最好的咖啡豆。但他看到的却是，当地的咖啡农家正在以每公斤仅3元的价格出售咖啡鲜果。

王大勇百感交集，回到深圳以后，他找到一位企业家朋友探讨。这位朋友是王大勇之前负责民族音乐传承与推广基金会的后任秘书长，两人有着一致的文化理念，也都很喜欢云南，两人

一拍即合：石梯寨最欠缺的，是肯回归农业、研究咖啡种植的人。只要回归品种，种出最好的咖啡，我们就能保护这里400年的历史以及它的古村落的形态。这位朋友后来成为王大勇的投资人和合伙人，公司的注册资金1000万，合伙人负责出资，王大勇负责运营，"我们决定到石梯寨来，用一粒咖啡豆挽救这个废弃的空心村。"

一转眼，王大勇已经在石梯寨待到了第六年。如今这里大大小小的咖啡馆超过30家，无论是当地官员、咖啡贸易商，还是种植咖啡的农民们，都开始喝起了咖啡，并为这杯咖啡感到骄傲。

一个理性的创业艺术家

王大勇团队的起步极为顺利，这种顺利甚至会造成一种假象，仿佛一个田园梦的实现指日可待，艺术家可以在深山荒村大展宏图。但事实并非如此。

2017年7月公司成立，10月29号和潞江镇镇府、石梯寨原村民以整体土地流转的方式签署了43年整体合作开发合同，公司支付了第一笔补偿款，涉及到宅基地、房屋、自留地的农民补偿问题，然后在接下来的一年时间里，就没有然后了。

签完合同之后，王大勇开始遇到具体的推进阻碍。石梯寨旧村涉及到65个院落120户人家，零碎地块超过1000块，其中有耕地、咖啡树也有经济林木，地块构成本来就非常复杂，分类补偿的工作量很大。最重要的是，早在1983年石梯寨村民就整体搬迁下山，原有的耕地很多已经森林化，在一开始丈量土地的时候政府把这些土地规划成林地，认定宅基地和耕地总面积只有220亩，但村民不同意，他们当然认为森林化的耕地也应该按照耕地价值进行补偿，结果硬是多出来130亩，变成总共350亩土地需要补偿给农民。

在此之前，潞江镇镇政府也没有成功的招商引资经验，把握不好政策与老百姓、企业双

方的利益界限，在长达一年的拉锯战中，约定的时间线一再拖延，转机来自新调来的一位有过招商引资成功经验的领导。这位领导联合几个部门提出一个明确的时间线：在 2018 年 7 月 31 号之前，必须把石梯寨的财产归属权厘清，对应到每一户每一人。看到了政府的责任和担当，王大勇公司也下了决心配合政府，农户双方意见对于土地划分标准照单全收，终于在 2018 年 8 月 1 号签署正式合同。合同中因地制宜将所有土地划分为 3 个区域：100 亩为古村落保护区，150 亩为咖啡和果木种植区，剩下的 100 亩则是森林恢复区。

人们总以为艺术家的想法是天马行空的，像抛物线一样扔出去，只管看到绚烂的轨迹就好了，至于它会落到哪里，某种程度上是随机的。而在山顶一号项目的前期，王大勇就展现出一个作为创业者的清晰的坚韧性和灵活度。据他本人说，这件事情最终能够落地，是得益于之前在深圳从事十年公益事业所积累的经验。

"做公益基金的时候，不管信念多华丽，做事情的套路必须是闭环，这样的经验给了我耐心和系统性思考的锻炼。做这个项目的时候，我不再是纯粹的艺术家，只保留了艺术家的审美，我是一个理性的创业艺术家。"

种一杯好咖啡

等待合同正式签署的一年时间里，王大勇带着他"不务正业"的团队开始亲手做咖啡——

团队人员都是因为热爱而集结在一起的，没有一个人来自咖啡专业领域的，其中还有一位毕业于北大中文系研究生，如今自由生长成了咖啡种植专家。

"当你真正发自内心去热爱一件事情的时候，你从来都不缺方法，那个方法就已经在你心里了，都不是学来的。我们从一开始就扔掉了经验，探求咖啡的本质。"王大勇说。

咖啡的本质，在王大勇看来，是"种一杯好咖啡"。从一粒种子到一杯咖啡，假设咖啡的一生是100岁——第一个年龄段是0岁到60岁，咖啡豆从种子、育苗、栽种、挂果到成熟；第二个年龄段60岁到90岁，咖啡果从采摘、晾晒、仓储、脱壳成米到烘焙；第三个年龄段是90岁到100岁，咖啡豆从熟豆、研磨到萃取成为一杯咖啡饮料。为什么好的咖啡是种出来的？因为当咖啡在60岁成熟的时候，它就像人的成长一样"定型了"，采摘之后的所有工序，都是为了尽量保障咖啡豆已经"定型"的品质的独特与完整。因此，"种"，是一杯好咖啡的基础。

为了"种一杯好咖啡"，王大勇公司将山下的20亩577棵老桩咖啡树——其中包括33棵冠军树，尤里卡金奖豆就产自这些树——移植到了山顶一号庄园。从确定种植地点和土坑的大小，到土壤底肥铺垫，准备了整整两个月，并最终保证了超过70%的成活率。

"我们为每一棵树留了80公分的土，以保证不破坏树木的根须。可是在移植过程中我们同时也发现，直径20公分的老桩竟然几乎没有

根须，常年的农药化肥等环境污染导致土地板结，夏天水进不去，冬天空气进不去，这些因素都会导致树木难以健康成长。所以也就回到了中国农业土壤的根本问题：恢复生态。"

在350亩土地上彻底杜绝农药和化肥，并邀请专门研究高黎贡山的植物学家构建树种层次，在咖啡树之外搭配种植冬樱花、赤松、土杉、苦练等等，为森林营造弱光通风的大环境，让土地恢复到最原始的健康状态……五年间，王大勇团队栽种8000多株乔木和果木，成活率超过6000株，彻底改变了光秃秃的寨子风貌，为高黎贡山构建了完备的生态系统。

"第一年柿子树结的柿子都被虫子吃光了，我们坚决不打农药杀虫；第二年柿子成熟以后剩下大半好果子；去年山上最后一颗柿子是2月8号；今年到我出差离开的3月14号为止，树上还挂满了柿子——生态的力量多么强大，在森林的生态循环系统里既没有害虫也没有益虫，只有人为破坏了某一个链条以后，才会有另外一段裂变成灾害。"

和农民打交道的方式方法，也和种咖啡树一样。

王大勇跑遍周围村庄向当地咖啡农家收购符合标准的优质咖啡豆，发现咖啡鲜果基本不分类售卖，每公斤均价不到3元。老百姓对土地没有信心，青壮年出门打工赚钱，只留下老弱病残留守土地。王大勇认为这样的状况严重背离了这个黄金产区的咖啡价值，也因为价格低廉而使咖啡豆品质低下。

王大勇希望土地带给咖啡农家们正向的力

量，让乡村可以按照乡村的样子精彩地活着。

从最开始发现一部分有契约精神的咖啡农家，高价收购他们经过筛选的鲜果，到带着包括观音山周边村落咖啡农家种植杜绝农药和化肥的有机咖啡，王大勇经历过令他痛苦和愤怒的挫折。

2019 年收购了 6 吨鲜果，2020 年收购了 40 吨鲜果之后，到了 2021 年，很多贸易商突然发现：只要是山顶一号选定的咖啡农家，售出的咖啡豆都优秀的。纷纷开始进行恶意收购，以同样的价格收购但却降低对咖啡豆品质的要求，导致山顶一号的咖啡源头断掉，全年颗粒无收。

2022 年，王大勇调整战略，联合观音山 26 户人家在 150 亩土地上进行定制种植咖啡的尝试，以更高的价格和更严厉的筛选标准，立给咖啡农家们一份投名状：由他出苗出有机肥出技术，农民拿出土地和人力配合，以定制的形式签订合作种植咖啡合同，要求所有咖啡树不能使用农药化肥，每亩地种植密度小于 100 株，每两棵树之间的距离不得小于 2.5 米。同时还承诺他们，在咖啡树没有投产的前两年给予每株咖啡树 10 块钱的年补贴，到第三、四年弱投产的时候，保底每亩地 4000 元，从第五年丰产的时候起，以每公斤 16 元起收购所有鲜果。

这是一份虽然严厉但却比传统种植更具产出价值的合同。在王大勇看来，咖啡种植的商业逻辑里有一个令他十分愤怒的环节：每个人都是收购商，没有真正意义的生产商；每个人都希望压缩成本，但很少有人保护下游。只有做好最基础的下游生产品质，才能最终在消费端释放出真正的商业价值。

"把压力全部压到生产端，会让整个产业出现摧毁性的断裂"，王大勇相信，"在咖啡农家身上多投入 1 块钱，最终会在消费端放大到 10 块钱。中国从来不缺少消费者，而是缺少有价值的前端投入，我想让高黎贡山重新回到 100 年前的样子，种一杯好咖啡。"

2021 年 5 月，山顶一号的第一家咖啡体验馆在深圳开业，售卖 6 款日晒处理的单品咖啡，卖得非常火爆，粉丝群体快速增长。目前，山顶一号的咖啡品质已经做到了中国行业的标杆，商业模式日渐清晰，在王大勇预期里，到 2023 年底 6 周年时，整个庄园可以实现产销平衡，现金流转负为正。

老房子改造，一个"往回走"的前进方向

重建老寨子，修复河谷生态，让无人机镜头下的"伤疤"消失——王大勇对自己的初衷从未忘记。

修建老房子的过程和种咖啡一样道路漫长。

2019 年，云南省提出建设大滇西旅游环线以推动滇西旅游全面转型升级。潞江坝以其得天独厚的自然风光和少数民族风情等优势成为大滇西旅游环线西北环线上的重要节点，也让山顶一号庄园成为保山市旅游环线上重点打造和示范的样本。同年 11 月，保山市自然资源和规划局、高黎贡山旅游度假区分局正式通过《高

黎贡山·山顶一号咖啡庄园修建性详细规划（潞江镇老石梯寨村庄保护利用与特色种植开发项目）》。

王大勇公司对村内的65处院落进行了统一规划：对结构品质较为完好的12院进行重点保护；对破损的20院进行按原规制和风貌修缮或重建；剩余坍塌院落则根据庄园需要进行规划使用。三年多过去了，这些老院落才刚重建修复了7个，距离全部重建完成还有很长的路。

"修建老房子前，我们对接了大量专业建筑设计团队，但是和他们都没法交流，他们的思维是城市化的，而我们的思维是基于房子的性格、趣味、光线进行重建。这也是很多乡村规划遇到的问题，专业成了我们之间交流最大的障碍。"

最终王大勇决定由自己的团队带着本地工匠一点一点进行改造和重建。"做得很慢，但我们知道做得是对的，这从农民对待我们的态度就能看出来。一开始村民们都带着怀疑的态度审视我们这个草台班子，一栋房子修好了，

他们摸着修旧如旧的夯土墙，看着完全尊重本地传统和工艺矗立起来的院子，开始跟我们热络起来，开始跟我们请教，说自己家的老院子也想这样改造。"

这是一个"往回走"的前进方向，王大勇说，越是回归历史，就越是超前的。"昨天装修队来了个新的农民师傅，说想给一栋老院子想做个圆窗，我对他说，为什么不呢？"

王大勇为石梯寨老院子的重建定了三个原则。

第一个原则是"化妆不整容"。乡村本来就是在自然历史中形成的格局和风貌，是农业生活的文明形态，它最大的合理之处就是千百年来形成的格局和风貌，所以老院子的整个机理、空间结构、形态都不改变，只做修整加固的"化妆工作"。

第二个原则是"用与美"。这也是日本的民艺大师柳宗悦的一句名言，"用"是超越一切的工艺本质，只有"用"才会产生"美"。王大勇希望每一套院子都是一个巨大的工艺品，使用当地的石、木等原材质，就地取材量材。

第三个原则是"家与庭"。去设计化，让整个院落不出现跌宕起伏，尽量平台化，尽量回归生活本质。

在三个原则下修复一套老院子，甚至会比重建一套新房子多花2、3倍的钱和时间。正在建造里的老房子没有地基，就要先把边墙拆除放在旁边，等打好地基再恢复回来，可想而知，这样的速度是极其缓慢的。

未来，石梯寨将打造中国版的"翡翠庄园"，中心的20多个院落建设为公共区域，包括艺术馆、咖啡实验室、人文地理馆、公共餐厅等；两套独立院落建设为适合少年儿童的自然教育空间；两套院落建设为精品咖啡晾晒房；其余院落根据庄园发展逐步修缮为居民体验区……庄园采取顶级葡萄酒庄园的预约制，每天只开放有限接待名额，并且不接待陌生人。

王大勇心中有一幅蓝图：保留这里自然形成的格局和风貌、延续它的文化历史传统和自给自足的经济结构，重燃人间烟火，重建熟人社会。

（文／张君会）

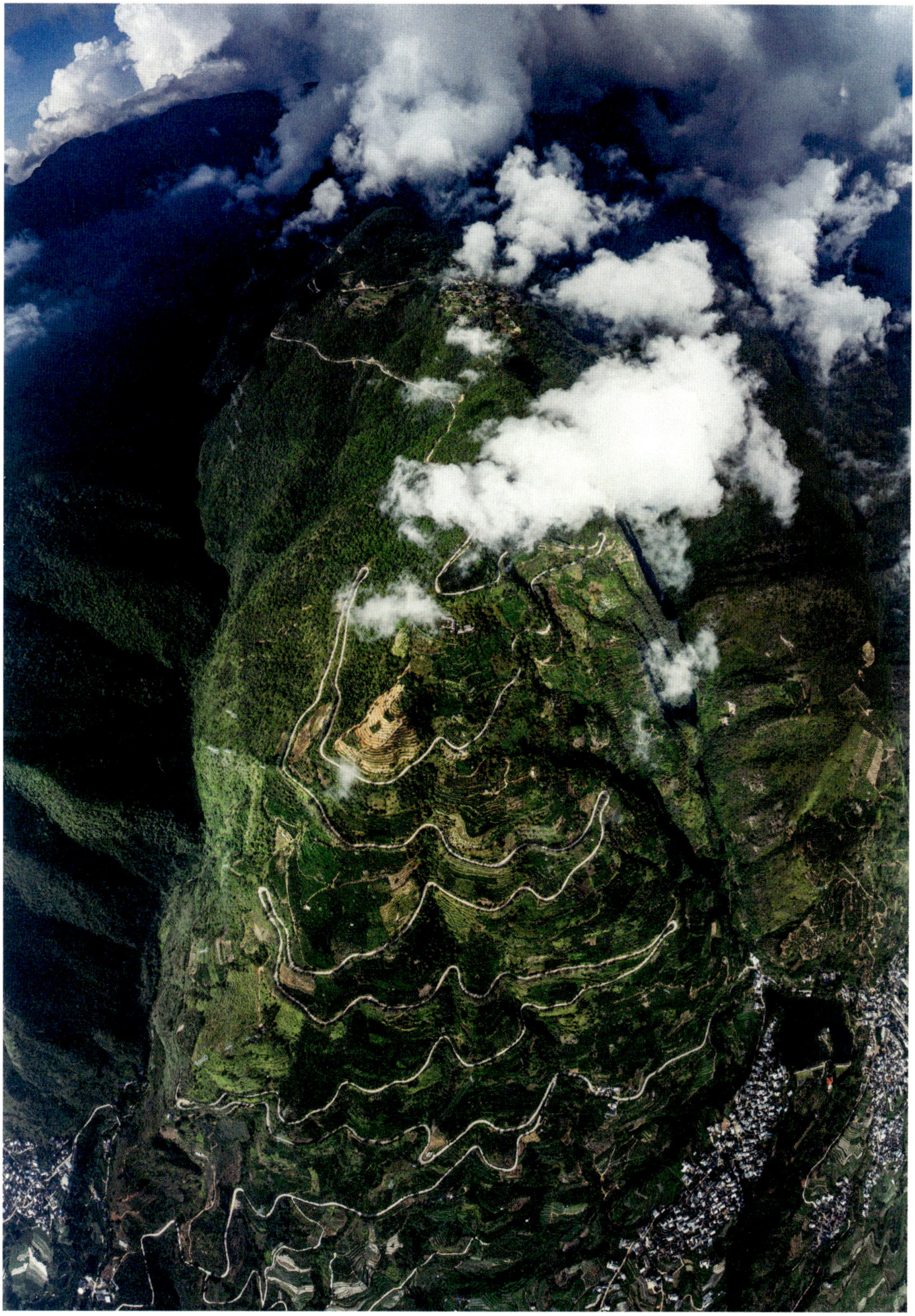

乡创英雄榜·宁远 | RURAL INNOVATION HEROE - Ning Yuan

《乡创英雄——宁远》/ 布面油画 60X50cm / 绘画：阿老姜

宁远
"她们"活成一棵树，
修复明月村的根

NING YUAN: 'THEY' BECAME A TREE, RESTORING THE ROOTS OF MINGYUE VILLAGE

在明月村 8 年，
她慢慢在这片土地里生根发芽，
养成遮天蔽日的大树。

乡创英雄·宁远

RURAL INNOVATION HEROE - NING YUAN

"远家"品牌创始人

明月村的古窑，震毁于5.12地震。很长一段时间，没人在意它的没落，断壁残垣和一堆破碎的瓦片，像一堆残旧的小山，在村子里渐渐凋零。

2009年，明月村依旧十分贫穷，人均年收入不过4千余元，是四川出了名的贫困村。灾后重建的村子有太多太多，明月村并不是最严重的那个，当人们在温饱线上挣扎的时候，文化的修复更是遥遥无期。

可能再过段年月，这口古窑就要如尘埃碎屑一样消逝在时间里，但是在2013年，村子里来了一个人。

这个人，是一位2008年地震来四川做志愿者的"民间陶艺人"，她看到这口古窑时，从一堆泥土瓦砾中感受到了什么我们不得而知，但是此后她就找到专家鉴定，发现其中一口窑是清朝康熙年间的"龙窑"。

过去的明月村，是四川高岭土储藏量最大的区域之一，自古以来一直有人建窑、烧窑，主要烧制日常使用的杯盘碗盏，可以说烧窑延续了明月村几百年的生活方式。

她给当时蒲江政协主席徐耘打去电话，"我在你们蒲江发现个宝贝"，表明这是四川为数不多的"活着的邛窑"，愿出资修复这口古窑，很快她收到了蒲江政府的热烈回应，艺术、文化与乡村的修复，或许可以因这个机缘，延续更好的未来。

"就这样，这位民间陶艺人以外来投资人的身份，带着团队住在甘溪镇，开始做这个窑的修复。从2013年的4月开始，修了整整一年，她们用的是当地的材料和工匠，用最朴素手工的方式，一点一点的把这个窑修复好了。"

当时所有人都没有想到，这口古窑修复好后，差不多同一时间，这位陶艺人就剃度出家了，渐渐淡出尘世。

这个陶艺人到底是谁？陈奇说，"她叫李敏，法号'牧灯'，是一个充满传奇色彩的人，本是湖南人，大学辍学后，北漂十年，她爱旅游，在全国策划了许多场大型的文旅活动，她喜欢茶，也爱陶瓷，过去在景德镇创办了一个陶瓷品牌'扫云轩'，来到四川后，也为新场小镇、安仁博物馆小镇，做过一些文旅策划的工作。"

一开始，李敏本是想做邛窑的传承和发展类的工作，邛崃文化管理所的老所长，就带她来到了明月窑，也是阴差阳错间，她看到了倒塌的窑，在陶瓷与茶文化方面已有15年积淀的李敏，几乎一眼就发现眼前的废土的历史价值，就产生了后来的故事。

俗话说"无根之木必枯，无源之水必竭"，村子在古窑的修复里，慢慢的滋养出一种淡而无形的生命力，或许也因为古窑的"再生"充满禅意，连茶田、林海与山云都孕育出一股诗性。

陈奇在采访里，谈到自己第一次见到明月窑的时候，"2014年，那时明月窑刚刚修好，在开放前，我们作为读书会的志愿者来到明月村。古窑旁边的凉棚下，四月微风，花香四溢，每个人的面前有个茶杯，非常朴素，里面只放了几片茶叶，外面是茶田，开完会后就在餐厅

吃全素食，每一样菜，都精致的放在陶瓷小碟子里。李敏当时已经出家了，她穿着僧袍坐在那里。"

离开喧嚣的乐土，在明月村落地生花

那次会面，给陈奇带来很大的触动，当晚她做了个梦，"梦里的自己，穿着布衣，在明月清辉下，在明月村的茶园里漫步。"

回到城市后，陈奇常常关注着明月村的后续，"常常会想起家乡，如果这里有工作机会，我是愿意去的。"正所谓念念不忘，必有回响，"一直到2014年9月底，也是李敏出家7个月以后，徐耘老师打来电话，问我是否愿意参与明月村发展的工作？"

几乎没有犹豫，陈奇辞掉了城市里的高薪工作，重拾起家乡的田园梦，"我是蒲江人，从小喜欢村子，从小喜欢蒲江的普通村子，特别喜欢这种感觉。"

当时的明月村，也发生了许多变化。经历了汶川、芦山两次大地震后，当地政府积极开始明月村的震后建设，一是改造院落，租赁农民闲置的宅基地，引进符合产业发展需求的艺术家，提供改造补贴。二是规划出187亩国有建设用地为商业用地，创建文创园区，引入多

乡创英雄榜·宁远 | RURAL INNOVATION HEROE - Ning Yuan

元的社会资本。

土地、人、资金，这三个硬性指标激活了明月村的建设框架，随之而来的新村民，为村庄带来了无限流动的能量，频率在无限的滋生、更迭。从2013年到2017年，明月村共入驻项目共45个，共计100余位新村民入驻，多为文创、旅游、艺术等领域，从贫困村慢慢成为桃源艺术村，这是一个从无到有的过程。

2015年，宁远来到明月村，这又是一场机缘巧合的邂逅。

善意、真实是宁远给人的直观感受，5.12地震时，她连续3天，不眠不休的播报汶川地震的实况，与前线的灾难、伤亡共同作战在一线，在读到实时直播里传来的灾区遇难者人数时，在直播过程中哽咽落泪。

这一幕被称为感动中国十个瞬间之一，而宁远也迅速走红全网，被网友亲切地称为"最美女主播"。后来，她在事业一片大好的时候，选择回归村庄归隐乡野，这又是为什么？我们不得而知，但，采访中，宁远明显是更热爱乡村生活的。

或许是因为电视台高压的工作强度、城市里越来越浮躁的人心与童年时期的乡村记忆发生了割裂，让宁远选择了返璞归真的路。

契诃夫曾说过，"你们知道，只要人一辈子钓过一次鲈鱼，或者在秋天见过一次鸫鸟南飞，瞧着它们在晴朗而凉快的日子里怎样成群飞过村庄，那他就再也不能做一个城里人，他会一直到死都苦苦地盼望自由的生活。"

宁远很想念小时候在乡村里的生活，于是就和朋友一起创业，开了一家网店，并取名为"远远的阳光房"。

那年冬天，宁远偶然走进明月村里一位罗姓大爷的院子，院里一个脸盆架引起了她的注意，这个木头架子，和她小时候在老家见过的很像，见宁远对这个架子充满喜欢，罗大爷的妻子便把它送给了她，后来宁远才通过村里人知道，这个脸盆架是孃孃年轻时的嫁妆。

质朴、热情的村民带给宁远很大的触动，她喜欢村子里的竹林、茶田和云海，以及某种淡淡的熟悉的感觉，她在自己的服装设计里开辟了一个新的产品——草木染。

摒弃工厂整齐划一的机器运作，通过双手将大自然的色泽与温度浸入天然布料，这片土壤的开辟让宁远忽然感到身体里某一部分原始情感被激发了出来。

"很多人都以为我是因为草木染才来到明月村，其实不是的，我是为了能够留在明月村，

才在服装线里增加了染色这个东西。"

草木染工坊成为了链接宁远和明月村的情感纽带，她在这里把从中、日、韩三国习得的染布技术，通过免费课程"明月染计划"教授给村民，并把部分优秀学员留下来工作；一些原本在外打工的学员也在"远家"的扶持下开设了自己的染坊，留在了生他养他的村子。

用自然滋养生命，在乡村里向野而生

"我始终认为，乡村建设的核心是人。"宁远在采访里说，"乡村建设不是一阵风，不是一个时代吹完了就没了，它是长期主义的坚持。"

"远远的阳光房"在明月村扎根了8年，从一开始的小染房，到如今升级版的"明月远家"，包罗万象的融合了餐厅、咖啡厅、民宿、书店、服装陈列室、展厅、剧场、染房等多元空间。

在明月村的竹海、茶园的衬托下，明月远家就像是一个集美学、自然和时尚为一体的梦幻岛屿，宣扬的是"远家"所追寻的生活方式——最终要抵达哪里，宁远并没有答案，唯一清楚的是，"寻找精神的含义"是所有生活呈现的核心所在。

"我认为，真正的乡村建设，应该说是自

然生长出来，是有生命力的，它会同频吸引来一些超脱于主流价值之外的人，许多人都是和我一样的，偶然来到明月村，觉得很好，就留下来了，在这里做点自己喜欢的事情。"

在宁远的感染下，她的许多朋友也来到明月村扎根生活，这里面有作家、画家和建筑师，各自为明月村装点了新的视角。这里面有许多小故事，听上去都平淡如常，但是如春雨长期滋养大地，许多幸福都是于无形中生根、发芽、开花的。

这里是村里小孩子的"启蒙学堂"，宁远说，"我们的书坊，会给每个小孩儿发一个笔记本，为的是鼓励她们来看书，每次来看书，我们就在笔记本上盖一个章，集满8次，就可以到吧台领取一份甜点或冰淇淋。"

这里也是村里人的"公益课堂"，宁远说，"我们发展了草木染的公益课，你只要把时间空出来，我们就免费培训，农民不一定懂艺术，但他们懂感情，也懂利益。以前她们只是务农，现在可以开染坊，以前是只能去外面打工，现在可以在我们空间里上班，我们的员工85%都是村民，下班后就回到家里，照顾自己的菜地。"

这里也让村里的年轻人点燃了新的梦想，"我们招募的3个咖啡师，过去都是农民，现在已经有人来找他们学做咖啡了。我们的明月讲堂也会邀请各行各业的专业人士来传授专业知识，新村民、老村民都是可以免费参加的。不久前，村里一个在城里上高三的学生报考了上海同济大学建筑系，而支持他作这个决定的首要原因，是他两年前在村里听了一场建筑师们的讲座。"

这里也是许多城里人短暂的休憩场所，宁远说，"一些人周末或者闲时来到村庄，短暂地超越庸常，与土地和自然相处，休息，或者获得面对当下的力量；另一些人因为喜欢村庄，也和我们一样扎根下来，在他乡种下故乡。"

在明月村8年，她慢慢在这片土地里生根发芽，养成遮天蔽日的大树，不急不缓的徐徐生长，庇护了自己的归处，也给予他人心灵滋养与生长的空间。

"明月村的乡村实践也不是完成式。每一

天我们都在发现问题并试图解决问题。我觉得有意思的事情就是这一点，在走向高处的路上，始终有问题，翻山越岭之后看见，喔，前面还有一座山。在与各种问题格斗的过程里，我们成长得越来越好。"

她写下《翻过一座山，还有一座山》：

我知道你和我一样／多年前就渴望远方／我听见马尾松在响／有人在松叶上睡了觉／我还在做梦呢／怎么就长大了／一起走很远的路就成了家人／翻过一座山，还有一座山／翻过一座山，还有一座山／白月亮在前头／阿妈在身后／太阳落山／我们就回家。

当我们真正走进乡村，去了解一个乡村的起源，我们会发现：没有绝对的方法论。无法照本宣科去复制标准模版，不同地域、文化、属性的乡村，会自然演化出不同的通路。

明月村，是一个非常特殊的案例，从市级贫困县一步步缔造出"艺术桃源梦"，个中缘由，层层拆解下来，既有自然造化、也有因果缘法，它是无数个时空里的机缘巧合归顺合一，再由"道生一，一生二，二生三，三生万物"，形成了村子生生不息的流动频率。

（文／小野）

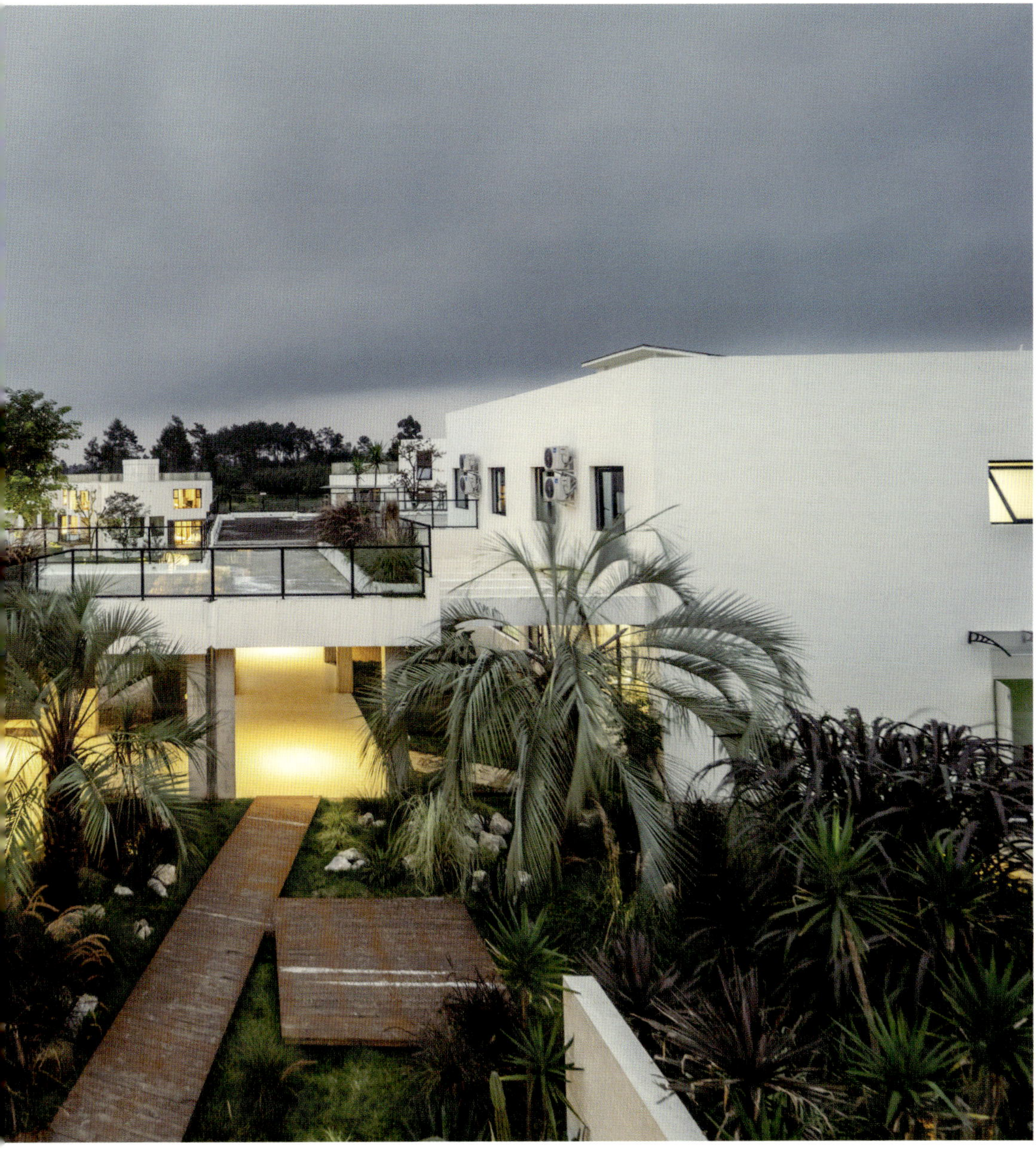

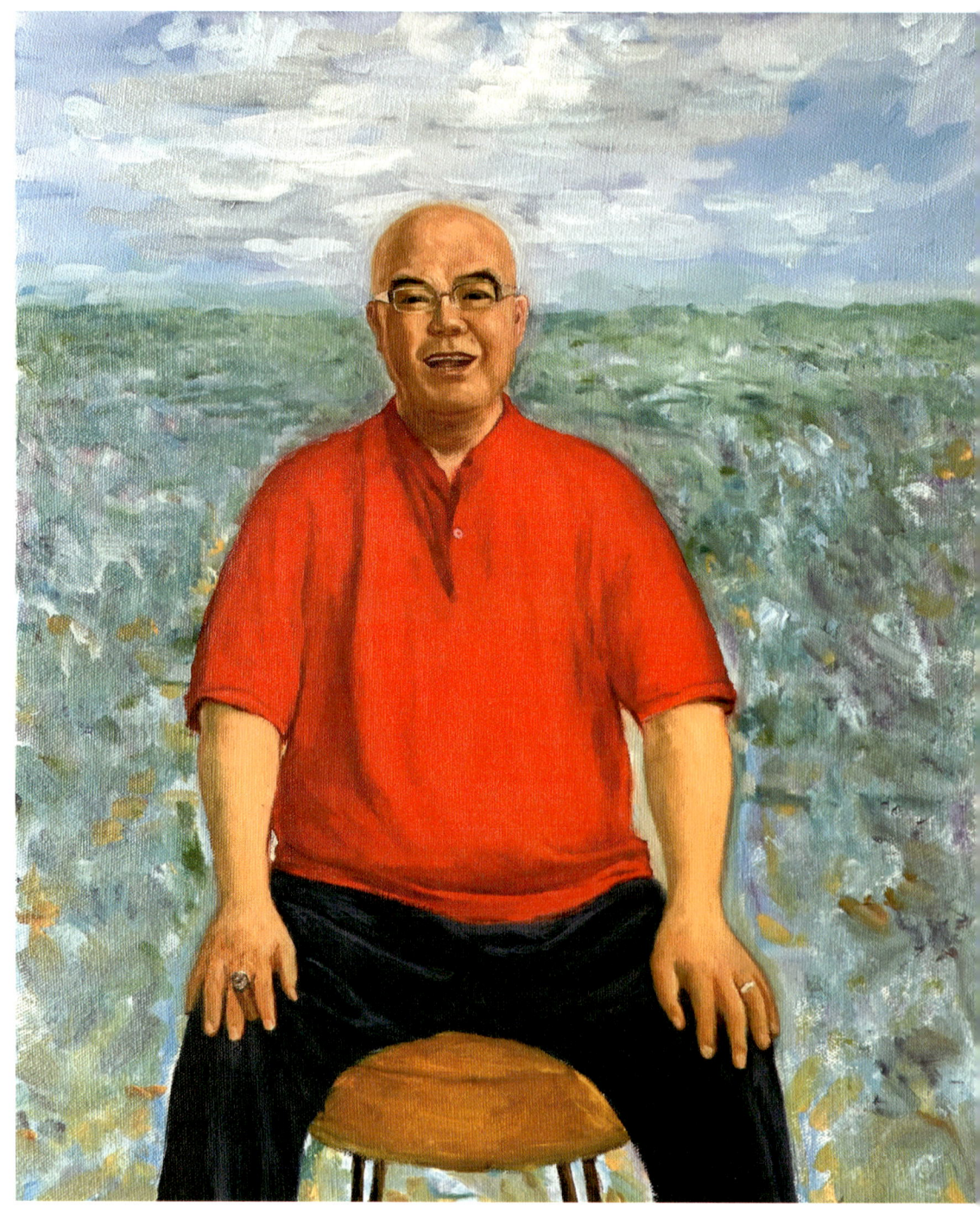

乡创英雄榜·陈宇 | RURAL INNOVATION HEROE - Chen Yu

《乡创英雄——陈宇》/ 布面油画 60X50cm / 绘画：阿老姜

陈 宇
打造一个"回得去的故乡"

CHEN YU, CREATING A 'HOMETOWN ONE CAN RETURN TO'

我在为我的灵魂找一个归宿，
我是一个主动回家的人。

乡创英雄·**陈 宇**

RURAL INNOVATION HEROE - CHEN YU

茂德公集团董事长

乡创英雄榜·陈宇 | RURAL INNOVATION HEROE - Chen Yu

在足荣村的夜晚，陈宇邀请我们到村口的茂德公大观园里就餐。身后是足荣村手作博物馆，陈宇的爷爷茂德公牵着奶奶的手的巨型雕塑就在餐桌旁，头顶繁星点点，夜风裹着花香袭来。陈宇说，这里就和他小时候在爷爷的小院和家人吃饭感觉一样，这里是他的家乡，他的生命密码，他的命数所在。

陈宇的乡创 20 年

2003 年回到故乡足荣村之后，陈宇这 20 年的乡创之路被包括《新周刊》在内的无数媒体跟踪报道过，有学者评价：身兼商人和文化人陈宇，是在以一种更斯文的方式回乡，而不是以一种野蛮、强暴的方式回乡。中国青年出版社还曾联合著名报告文学作家王宏甲和刘建，以足荣村和陈宇家族的百年变迁史为主题出版了一本厚厚的专著：《农民》。

20 年间，陈宇在足荣村做了这些事：建造嘉仙鸡、辣椒酱、萝卜干、古法酱油、蜂蜜的种养殖及生产基地；修建环村路、产学游融合的茂德公大观园及餐饮、精品酒店群；升级改造足荣村小学并创立昌公书局做公益阅读和公益支教；目前还在规划开发樟树林森林公园和赞助足荣村主办"雷州半岛乡镇足球超级联赛"（雷州镇超），将对标"贵州村超"组织乡镇足球赛事。

他投资十余亿在雷州市区建设了茂德公鼓城度假区等配套设施，以一己之力打造出雷州唯一一个集景区、酒店、民宿、餐饮于一体的国家 4A 级旅游景区。

他请来雷剧团在鼓城戏楼唱雷剧，活化当地的非遗文化；他做雷州方言保护工作，资助编纂《雷歌大全》，赞助了一系列雷州方言电影，并让诗歌、雕塑和雷州大地发生关系，每逢过年，他让雷语成为刷爆朋友圈的流行语……

他创办的"德基金"不仅奖助足荣村的孩

子读书，更扩大到全国18个省份举行了70多期支教活动，他发起"课桌漂流"计划，用新课桌更换农村小学用了几十年的旧课桌，让艺术家对旧课桌进行创作后拍卖，同时让善良的种子在孩子心中生根发芽。

20年过去，足荣村老村民茂德公的孙子陈宇，人们口中的"老板陈"，已然成了雷州半岛的知名人士。

一个中央民族学院经济系毕业的高材生，曾有过银行高薪工作，曾转型成为广东白酒界传奇人物……为什么主动回到偏远贫瘠、困难重重的的农村？用陈宇的话说：我在为我的灵魂找一个归宿，我是一个主动回家的人。

"父母从小就告诉我：你要出去，出去才能光宗耀祖。所以我是被动离开、主动回来，我和我的家乡没有利益驱动，我只是希望这个生我养我的地方越来越文明。"陈宇说，尽管今天他已经是人们口中的"成功人士"，但只有他自己清楚：在家乡折腾的这20年，他随时做着失败的准备。尤其是从2020年到2022年期间，由于疫情等各种原因，他遭遇了巨大的

乡创英雄榜·陈宇 | RURAL INNOVATION HEROE - Chen Yu

困难。更不要说多年来常有同乡同族质疑他的回乡目的是"炫富""出名""掠夺资源"……陈宇明白，足荣村是中国农村熟人社会的缩影，他与家乡的关系，不全关乎利益，还要面对人性、宗源、祖祖辈辈堆积下来的这样那样的纠葛。

陈宇提起他深爱的波兰艺术家斯坦尼斯瓦夫·拉德万斯基，这位顶尖雕塑家的作品在二十多个国家展出，深受欢迎。拉德万斯基利用来到广州的机会创作了一个名为"行者"的新雕塑：一个在路上的人，没有身份，没有性别，像是在回家，又仿佛在出发，更像一个寻找远方的行者或诗人。陈宇看到这个雕塑的第一眼就被击中了，他意识到："这不就是我嘛！回乡做乡建，就是没有脑袋的人，就是不能想，想得太多就干不了了！"

陈宇某次深夜发的一条朋友圈，大概能总结他的性格：知难而进、一往无前、无怨无悔。有很多老板在外拼搏赚到钱了，就回村来捐个庙捐点钱，认为自己完成了对家乡的责任。但陈宇显然不愿意这样做，他始终有个理念："其实从家乡走出去难，真正要走回来创业并带动家乡向前走更难，需要更多的付出和更坚韧的信念。"

打造更多"回得去的故乡"

对于家乡，陈宇无疑是深爱的，还在很小的时候，他就对妈妈说：咱们村的八角井那么好看，还有樟树林，可以做旅游景点。在陈宇心中，小小的足荣村就是一个大世界，一个最能体现中国农民的大世界。

但当真的把热爱投入现实，无疑是艰难的。仔细研究足荣村，陈宇总结出一个普通乡村的"五无"特点：无名人、无名筑、无名景、无名产、无名事。这样的村子不具备自我成长的力量，没有更多可延展的空间，也不可能指望太多外界力量的帮扶。

怎么办？陈宇在2014年做了一个"茂德公间隔年公益行"，用7个月时间走了31个省，探访了中国100个乡村，一边观察中国乡村的现状，一边思考足荣村的未来。

在路上，他看到许多乡村像自己的家乡一

样日益衰败,许多美丽的古村落被拆,心痛无比。他也看到有人在保卫祠堂,有人在拯救村子,有人在传承人情。中国农村走一遭,陈宇感觉自己有了思路:"我接受了当下农村的现状,学会了客观看待中国的问题,同时尝试着总结足荣村模式。"

他想出的模式是先让"五无"变成"五jing":净(环境干净)、敬(温良恭敬)、静(氛围安静)、劲(永葆干劲)、境(宛如仙境)。没有条件就创造条件,足荣村没有名人,就塑造名人,没有名产,就打造名产……

2003年回到故乡,陈宇做的第一件事就是在足荣村承包下100多亩山林地做养鸡场,向广东市场输出当地放养土鸡品牌"嘉仙鸡"。陈宇突发奇想:如果使用爷爷茂德公的农民形象做商标,是不是就能突出嘉仙鸡作为土鸡品牌的乡村文化内涵?配合广告语"自然长大,自然美味",嘉仙鸡的广告频繁出现在广州街头和交通要道,"老农和老农养的鸡"传递着诚实、本分、地道的印象,无形中给了顾客很大信任度,也催生了整个茂德公集团的品牌气质和足荣村的"名人效应"。

此后在足荣村村口建造"产、学、游"一体化的生态农业体验休闲园区"茂德公大观园"思路也是一样,亚热带田园风光的绿树掩映之下,陈宇把爷爷的老宅放大40倍,做成"足荣村手作博物馆"。开放的茂德公辣椒酱生产基地、多磨谷场、雕塑公园、露营区……足荣村慢慢开始吸引珠三角地区的游客前来打卡。

陈宇没有停下脚步，又开始规划足荣村周边5个行政村28个自然村的整体乡村重建，他打算把足荣村的乡创经验推而广之，形成一个更大范围的乡村示范带。如果成功了，就代表这个普通农村的重建方式可以是中国乡村振兴的其中一个样本。

"我一直在琢磨花小钱带来大改变的事情。这几年全国农村都在抄江浙，我不这么想，如何因地制宜更重要。如何做到花一两百万就可以让村落的基本面貌得到质的提升，我们正在推进的艺术石篱工程就是其中一个尝试。"

茂德公集团打算先规划一个叫做"十里花溪"的引流带，种植荔枝、龙眼、芒果、菠萝蜜、椰子等果树及蓝花楹、凤凰木、黄花风铃木等"花树"，四季鲜花水果飘香，满足游客向往田园生活的游客观光和体验需求。

然后再逐一规划各个村庄。茂德公集团和廖冰兄人文艺术基金会合作，基金会负责聘请艺术顾问，集团负责落地，给每个村聘请一个知名艺术家担任艺术顾问，给乡村改造把脉、定位、提供艺术内容。

有一个名叫"扶茂村"的古村落，环境保持得比较完整，村庄原住民以老人妇女为主，陈宇考虑：是否可以围绕该村擅长养鸡的理念来重建村庄秩序？茂德公集团投入了30万改造景观，邀请到艺术家陈洲夫妇带领当地手工匠人，把陈洲女儿的"小萌鸡""小海豚"画作系列变成系列雕塑散落在村庄里。雕塑使用村里的红砖建材和"灰塑"非遗手法制作而成，这也是陈宇的理念："不做宏大的资本规划，会烂尾，就用当地的建筑材料，借艺术家之手变成乡间艺术，这样的田园景观才会吸引城市人的眼睛。"陈宇还把本地常见于院墙的"石篱笆"概念引入公共空间，绕村建造"石篱笆艺术围墙"，围起公共小菜园小果园，一来让村庄道路干净，二来景致优美。

扶茂村的小学早年并入其他的大村，荒废许久。艺术家引入"云里的村庄"概念，创作蓝天白云的涂鸦围墙，让荒废的学校漂浮在云上，同时改建成游客集散中心，用来展示村子的历史。

再来是鼓励村里留守的老人妇女们大力发展煽鸡养殖业，茂德公集团负责收购农民的土煽鸡销往广东。"想象一下，村子干净优美，城市游客愿意来玩来消费，农民又有了自己创造剩余价值的机会，年轻人自然就愿意回来居住，空心村的状况不就自然而然得到改变吗？"陈宇说。

扶茂村以"鸡"为主题，陈宇还打算给周围的小村庄引入"中国十二生肖"的概念改造和重建。"比如足荣村已经在包装'雷州石狗'的非遗传承系列了，那么禄马村是不是可以用'马'的主题做艺术融入，旁边的村子是否可以做'羊'的主题？游客来到这里，会不会很有兴致到自己属相的那个村庄一探究竟？这些

039

乡创英雄榜·陈宇 | RURAL INNOVATION HEROE - Chen Yu

都是小小的资金就可以启动的小产业，联动起来就有可能产生乡村大改变。"

陈宇一直放在嘴边的"回得去的故乡"，大体上就是这样的理想图景。

有一种乡村重建是村里的能人带领村民集体创富，办企业，搞合作社，年底送别墅、发金条、分现金，这种集体致富的秘诀在于互信互惠，捆绑成一个利益共同体。

有一种乡村重建是艺术与文化再造。这些年，许多城市知识分子、艺术家、文化人甚至企业家，自愿去边远乡村，通过扶贫助教、古建保护、民族复兴、生态农业、乡村文化生活再造等方式，帮助村民改善生存处境，重建乡村秩序和景观。这其中，由艺术家引领的艺术乡建取得了瞩目效果，包括碧山村、许村和郝堂村在内的乡建项目，成为中国乡村改造的鲜活案例。

陈宇的乡村改造之所以更具普遍性，就在于他将这两种模式结合在一起，文化先行、小产业切入，一村一品，连村成片。这种双带启动，即同时创造产业带和文化旅游带的乡村重建模式，或许能为中国的乡村振兴提供一个崭新的样本。

足荣村不应该只有一个陈宇

2003年，足荣村有了有史以来的第一座工厂。陈宇开办的食品包装厂甫一开工就安排了本村200多人就业；后来又投资兴建食品厂，研发生产茂德公香辣酱，就业人数增加到500多人。员工大部分来自以前进城务工的青年男女回流，他们平均年收入在3、4万元左右，打工不离乡、亦工亦农，可以回家照顾老人小孩，农忙期间兼顾农活。回乡的年轻人多了，村子

渐渐恢复了从前的人情味和烟火气。

　　香辣酱的原材料辣椒产自当地，这就意味着农业劳动力也被有效利用了起来。雷州一带有几十万亩辣椒生产基地，这些辣椒原是北运蔬菜之一，随着香辣酱厂的开办，改变外运辣椒为外运辣酱，是农业资源品牌的工业化升级。

　　以"辣酱还是公的香"为广告语的茂德公香辣酱一炮而红，在足荣村口茂德公大观园里，可以参观开放的辣酱生产车间，还打造了足荣村特产小吃街，辣椒酱、萝卜干、虾干、土制米酒等等土特产分门别类整齐摆放，成为深受观光客喜爱的旅游特产。

　　2022年，陈宇又开始谋划"酱油村"项目。"从香辣酱的成功来看，走食品加工制造业的方向是对的。酱油是常见调味料，2021年，中国酱油总消费量人均5.39公斤，考虑到日本曾达人均13.23公斤/年，未来还有很大发展空间。我观察到市面上真正古法酿造的高品质酱油还存在空缺，而日本超过百元的酱油也能卖得很好，我们足荣村历史上就有酿造酱油的古法传承下来，这不是一个很好的切口吗？"足荣村家家户户的房子都是平楼顶，陈宇打算教会有兴趣的村民晒制酱油，先满足自家使用或赠送亲朋好友，从中物色和培养小作坊主。

陈宇认为，这是一件双赢的事情，一方面走市场先行的商业模式，打造过硬的产品，一方面通过这件事情把亲戚邻里关系建立起来，逐步培育更多的工匠。还有更大的可能性是，"比如妈妈晒制酱油，她在城市打拼的儿子有可能产生兴趣，然后利用这个酱油创业，也变成小老板，刺激更多的创造性投入，变成农村更庞大的内生动力。"足荣村不应该只有一个陈宇，他相信，在看得见的未来，会有更多的陈宇加入到乡村重建的行列中来。

基于古法酱油的旅游带也随着产业带同时启动了。

在足荣村小学对面的巷子里，酱油示范小院已经对外开放。院子里摆放着一缸缸浸泡在盐水中的酱油曲，在太阳的暴晒下冒着泡泡，散发出阵阵醇香。走廊里挂着雷州古法酿制酱油的步骤图解：蒸煮、制曲、天然发酵，再经过100天的沉淀，酿造出色泽清澈、醇厚鲜美，回味绵长的古法酱油。小院长期开放，村民们和游客都可以自由参观，也可以约工厂的酱油师傅来学习了解、洽谈合作。

"小院一开，很多来足荣村的游客都到这里来参观，也有研学团带队前来，想象一下，如果来这里的游客足够多了，周围的农户是不是很愿意挂牌营业，很愿意把自己家打造成城市人喜欢的农家乐？更多的特色旅游项目、特色民宿是不是也可以生长起来？促客进村、促客入园、促客进农家小院，当有了市场，所有关于乡村改造的设想都会被农民自觉实现。"

陈宇非常喜欢研究家乡的传统民俗文化，目前正在打造的足荣村蜜蜂产业项目就是根源于本地的蜜蜂文化。足荣村是雷祖陈文玉后裔聚居地，村民们从小就知道"饭粒变蜂去打仗"的故事，传说雷祖将饭粒变成蜜蜂将敌人打败。足荣村视蜜蜂为恩人。他们敬蜂爱蜂，一直有养蜂的传统，可以说家家都有养蜂的行家里手。正在打造的蜜蜂产业专业村就把蜜蜂主题文化融入乡村文旅，形成蜜蜂产业闭环，助力产业发展，增加村民收入，实现乡村振兴。

辣酱、酱油、蜜蜂……小小的产品造就大大的梦想；食品产业立足，带动文化产业和旅游产业逐步发展；一个村重生，带动十里八乡共同富裕——回乡20年的陈宇站在足荣村中心广场，描绘着未来20年的足荣村及周边乡建模式，他为自己做了个预言：这将是一种未来中国乡村普遍意义上的重建模式。

（文／张君会）

乡创英雄榜·王旭 | RURAL INNOVATION HEROE - Wang Xu

王 旭
我是那个做操作系统的人

WANG XU: I AM THE ONE WHO MAKES OPERATING SYSTEMS

他正在打造出一个助力中国乡村振兴操作系统的雏形。

乡创英雄 · 王 旭

RURAL INNOVATION HEROE - WANG XU

SMART 度假产业专家委员会秘书长

乡创英雄榜·王旭 | RURAL INNOVATION HEROE - Wang Xu

见到王旭的时候，他刚从米兰设计周回到北京。他半开玩笑地对他的团队说："我要是说咱们也能做出这样的展会，你们听了是不是瑟瑟发抖？"这话并非全是玩笑，他就是为了借鉴国际上最顶级的展会经验才去米兰的。

一个月前，王旭带领他的团队刚刚在海南三亚成功举办了第四届海南国际文创周，这场旨在打造"泛文旅产业跨圈共融嘉年华"的大会，邀请了近3000位嘉宾参与，内容涵盖了一场主论坛和围绕着县域、文旅、乡创、文创、广义设计共5大版块的30场主题论坛和近百场共创活动。同时，这次文创周也将对中国乡村振兴的聚焦变得非常具体：它集结了全国各地100个县域，就文旅赋能县域经济高质量发展、数字县域发展、"一县一品"等问题，开展了多场县域发展论坛、圆桌会议和县长工作营。

王旭现在的身份有很多，他担任着SMART度假产业专家委员会秘书长、AIM国际设计竞赛组委会主席、清华大学文创院副秘书长、博鳌文创院执行副院长……而他的老本行，却是一位美国注册建筑师：从1996年进入清华大学建筑系学习，2001年赴美国宾夕法尼亚大学攻读建筑学硕士，到后来加入波士顿的ZNA事务所，并于2007年回国创立ZNA亚洲区子公司，过去很长一段时间里，他都在做着"一位建筑师应该做的事情"。

当一位优秀的建筑师决定脱离传统轨道，开始"不务正业"之后，王旭在中国的文旅产业里发现了更广阔的可能性。他在无人涉足的领域中找到一条新路，试图引导更多的人一同踏上这条道路，他意识到：这件事带来的成就感是他做再多建筑作品也无法获得的。令人惊讶的是，他甚至还是"乡创"这一概念的原创者：2015 年，王旭在杭州西溪湿地举办首届"乡创峰会"，从"乡村创客""乡村创新""乡村创业"以及"乡村文创"几个词汇中，他提炼出了"乡创"这一关键词。

自 2015 年提出"乡创"并大力推广以来，王旭身边的朋友经常建议他注册这一概念以便垄断，但他坚信一个概念最好的状态并非垄断，而是被所有人广泛应用，并以此为基础去发展各自的认知，使其长成形态各异的样子。如今 8 年过去了，"乡创"的各种形态在中国遍地开花，这正是当年的王旭最希望看到的情景。

与此同时，王旭还提出"一起去乡创"理念，已经连续 5 年发布了"中国乡创地图"榜单，不久前刚刚更新了 5.0 版本。可以说，乡创的示范力量在他的事业中无所不在，他也运用着这种力量，助力构建乡村产业生态，开创立体循环的新动力，推动乡村产业融合发展。

从建筑师到"建筑师的使命"

在 2008 年回国到 2012 年，王旭专注于他的建筑师职业，主要参与大型文旅度假综合体的设计，并以此为契机见证了中国文旅度假领域的萌芽与成长。大型文旅度假综合体通常会选择建在风景秀美的地方，在大自然中打造一座城，一般这样的地方一定会有村落。现在回头去看，王旭认为是那些项目给了他与乡村接触的机会，也让他意识到：那样的建筑即便不是破坏自然，但也肯定不是和环境最佳的共生方式。

作为他建筑事业的一部分，2010 年，王旭创立了 AIM（Architects in Mission）竞赛。这个名字的直译过来是"建筑师的使命"，可以说是王旭对自己身处行业的深入思考的结果：一个建筑师要想活得好，最佳的选择显然是为政府服务，或者为开发商服务，这两者一方面代表权力，一方面代表金钱。然而，建筑师的使命不应仅限于为权贵建造房屋，甚至也不应仅仅是建造房屋。

这种深思熟虑的源头，一方面来自于王旭开始接触到城市里的老工业遗址和大量的空心村。这两种情况背后都有其相应的弱势群体：老工业遗址的背后是下岗工人三代，空心村的背后是老人和孩子，甚至只有老人。王旭意识到，真正需要建筑师服务的是这些地方，但他们却无钱来支付设计费用。

另一方面，建筑师因其专业知识，通常具备一种前瞻性，能够预见未来 5 年、10 年，甚至 15 年、20 年社会和空间的发展趋势。然而，建筑师是否会主动传播这种前瞻性？他们是否有意识地让更多的人知道我们可以、也应该去做更多关于低碳环保、古建筑保护，以及文化遗产保护的工作？很遗憾，大多数建筑师并不会那么做。

"因此，我认为建筑师的使命至少包括两点：第一，我们应该为有需要的人设计，而不仅仅是为买得起单的人设计。第二，我们需要把我们具备的前瞻性知识向社会进行传播和推广。"王旭举办 AIM 的初衷就包含了这两点，他不仅希望通过竞赛从年轻设计师中选拔出优秀的人才，更希望唤醒年轻建筑师对社会责任和使命感的认识。

前两年，AIM 的主题主要集中在城市的老工业遗址上：第一年竞赛的题目是对"北京 CBD 最后一个旧厂区"的厂房的改造，第二年的主题则是北京首钢旧址的改造规划。第三年开始从北京延展到外地，基于对浙江嵊泗列岛上渔村的优化和改造需求，发起了一个"岛居慢生活村落改造"的竞赛。

这几个竞赛做出了成果。2013 年 4 月，四川雅安遭遇地震一周后，中国扶贫基金会找到了王旭，邀他一起走访震后的村落，希望通过竞赛这一方式找到为当地复兴和重建的解决方案。在走访了许多村落之后，王旭选中了一个名叫"雪山村"的村落，在同年 10 月正式发起了"震后重建·彩虹乡村，熊猫老家——四川雅安雪山村村落复兴"国际设计竞赛。这次竞赛收到了超过 300 份投稿，最终选定了 36 个入围作品，并邀请他们——包括来自清华大学、华南理工大学、天津大学、山东建筑大学，以及哈佛大学、耶鲁大学等海外知名学府的团队，以接力志愿者的形式前往雪山村，与村民们一起完成雪山村的样板房建设。

王旭提到，"这可能是国内较早的村民共建的一个实践。整个重建过程花了两年，但并不完全是建房子的时间。因为村落周边全都是山，地震导致了严重的滑坡，建筑师需要从建护坡和修路开始，大量的时间和资金都花在了基础设施上。时间最长的志愿者在村里待了整整半年，一直陪着村民把房子完全建造起来。"

在雅安地震后的重建过程中，他们也吸取了 2008 年汶川地震后重建的一些经验。在汶川的重建过程中，有志愿者在帮助村民建房，而村民在旁边打麻将，最后还抱怨房子建得不好。王旭认为：造成这种情况的很大原因是村民没有参与到建设过程中。因此，在雅安的重建过程中，他们强调村民的参与感。参与的结果是意想不到的：政府按照每户村民 30 万人民币的标准进行补贴建房，但是随着村民参与自建，他们希望自己的房子能建得更好，开始自掏腰包，有人投入了 50 万，有人投入了 100 万，都希望自己的房子比别人的建得更好，再也没有人抱怨了。

雅安雪山村的震后重建项目被王旭视为自己进入乡村工作的一个转折点。虽然当时乡村振兴还未成为一个热点，"乡创"这个概念甚至未诞生，也没有多少建筑师会去乡村工作，尽管这在当时看起来是一件小众的事情，但王旭坚信，"哪怕只有一小部分年轻的建筑师意识到自己的使命，我相信他们真正发光发热的时间是在 10 年后，当他们成为行业的中坚力量，

他们将产生影响力，他们会带领他们的团队，他们的设计院，甚至他们的学生，一起到乡村去。当他们成为行业的中坚力量，就能够传播更多关于乡村和建筑师使命的理念。"

在最开始的几年，AIM 竞赛已经确立了其"群体智慧"模型——王旭和他的团队提出问题，然后去寻找年轻的、名不见经传的设计师来回答这些问题，并提出优秀的解决方案。它的本质是通过一个好问题将需求和资源与代表未来的年轻设计师连接起来，这两个群体通常不会直接交流——13 年过去了，这个模型仍是支持着 AIM 继续举办的核心。

这个竞赛也是王旭决定不再做建筑师的原因之一。他发现一个规律：只要竞赛的参赛团队超过 100 个，那么最终获奖的作品一定会比他自己设计的作品更好。这并不是因为他的作品不够好，而是一个简单的数学概率的问题。

于是，王旭面临了一个抉择：是享受自己设计出好的作品，还是更享受提出问题并找到最佳答案？他选择了后者。他可以当裁判，可以当提问者，只要能找到最佳的解决方案，这就是他的"爽点"。他并不介意最佳解决方案是不是由他自己提出的。

做操作系统的人，开 party 的人

2013 年，王旭从一名传统建筑师转身，创立了 SMART 度假产业智慧平台。"SMART"这个名字源于 5 个英文单词：strategy（战略）、marketing（市场）、art（艺术）、research（研究）和 training（教育培训）。这五个组成部分构成了 SMART 平台的初步内容。

创立 SMART 的初衷是为了解决王旭看到的一个商业问题：在中国，未来将出现大量的综合体，它的表现形式可能是乡村振兴项目，可能是城市更新项目，也可能是文旅小镇项目。但这些项目本质上都是综合体，都需要填充进复合性的内容产业生态才能生存——当时中国的开发商显然无法解决这些内容问题，它们只负责盖房子。

这个问题的背后其实也是中国文旅产业的现状：整个文旅产业或乡创产业，就像一个没有操作系统，只有 APP 的状态。具体说来，莫干山有很多民宿品牌，每一个品牌都是一个 APP；全国各自有很多研学机构，每个机构也是一个 APP；这些 APP 只能解决点状的问题，不能解决整体的问题。

需要有人做操作系统，把散乱的 APP 整合在一起。也就是从此时开始，王旭开始转身为那个在文旅产业里"做操作系统"的人。但其实，做 APP 容易，做操作系统难，市场上谁会为操作系统买单呢？王旭花了很长时间，让市场明白他在做什么。在 SMART 的前五年，他不仅不拿工资，还要自己投钱去养它，支付 6 个员工的工资——他把自己早期做设计的钱都投了进去，幸好从那时开始，AIM 竞赛终于开始挣钱了。

这件事对于建筑师来讲比较特殊，因为建筑师习惯于只收钱，而不花钱。即使有一些建筑师愿意进行投资，他也只可能会投资咖啡店或者民宿，而不是投资一个抽象的平台，甚至抽象到不知道它最后会是什么。在王旭的圈子里，即便是对他在做的事情接受度最高的朋友，也只会对他说：我能看到你背后有一片星辰大海，但我不知道你要怎么达到。

王旭选择了一个独特的方式：成为一个开 party 的人。

这个想法源于他过去在波士顿的生活经验。在波士顿的时候，他经常去参加一些年轻人的 party，在这些 party 中，尽管人们可能谁也不认识谁，但大家一定都认识一个人：开 party 的主人。所有来参加 party 的人，都会以认识开 party 的主人为荣。这启发了王旭，他意识到：来到一个新的城市，怎么样让这个城市人都认识你？最好的方式就是开一个 party。

"即使你在这个城市谁都不认识，你先开一个 party，大家就会都来认识你一下，渐渐地越来越多人就都会认识你。开 party 的效果可能第一年还不明显，但仍然远远的超过你去参加别人的 party。"

尽管这只是王旭的一个生动的比喻，但 SMART 后来做的所有事情——举办论坛、举办峰会、举办文创周——本质上都是在开 party。

SMART 开的第一个 party 名字叫"SMART 度假产业峰会"。如果说 AIM 的本质是集结所有年轻力量，那么 SMART 同样运用了"群体智慧"这一模型，它集结的是所有领域的顶尖力量。无论是在民宿、露营、文创、博物馆、游戏领域，或者是互联网传播和研学等各个领域，SMART 都会邀请这些领域的头部成为嘉宾讲者。

王旭在举办峰会时，有一个原则：不给出正确答案。他认为没有人能够准确预测未来，那些口口声声说着明年会怎样后年会怎样的，大概率是个错误答案。他的方式是：把 300 个行业的头部精英摆在一起，让参与者自己去聆听、思考，每个人根据自己的关注点和需求，去组合出自己的答案。每个人得到的答案是不一样的，这恰恰是对的，因为每个人的需求和环境都不同，同一个答案可能并不适用于所有人。而正是因为这种差异，才有了不同的结果，有人成功，有人失败，但只要有人成功了，那么，王旭认为，他做的活动就是有价值的。

也有人会质疑：你只是搭建了一个平台，这些资源并不是你的，你能得到什么价值？实际上，从十年前第一次举办峰会到现在，类似的问题就一直围绕着王旭：人家来了你的活动，人家自己成交了，甲方找到了乙方，投资人找到了被投对象，跟你也没有关系，他们并不会

分给你钱，你做这件事是图什么？

"我觉得这恰恰是这件事里面最核心的价值"，王旭说。

王旭的理念在于他的平台可以链接有需求的各方，从而让他们无成本地直接交易。这是 SMART 的核心价值。然而，如果需求双方在某个阶段特别需要平台的参与，例如双方都认为如果没有平台的参与，他们就无法进行下去，或者他们需要通过赛会、展览、节日等活动来把他们的需求串起来，这个时候平台就可以收取服务费。

这种模式可以类比为互联网上的线上游戏。下载游戏是免费的，用户可以随便玩，但是如果想快速升级，就需要购买游戏装备，这部分是收费的。代入这一模式，王旭就是那个卖装备的人。例如在海南文创周上，各个区县都可以报名参加，自行寻找民宿品牌或是露营品牌合作，不需要付费。"但如果，你想要的是打造县域的 IP、产业生态、一系列赛会、展览、节日，并且招商落地，成立县域的资源平台，那这就需要平台的专业装备和服务，这是需要付费的。"在王旭看来，平台可以帮助县域获得相比其他地方绝对的竞争优势，从而打造出专属于自己的产品，如果想达到这个层面，就无法绕开平台，这就属于 SMART 的特长了。

从 2013 年起，SMART 每年都举办文旅峰会和乡创峰会。乡创峰会的举办地每年更换，第一年在杭州，2014 年在厦门，2015 年回到杭州，2016 年在厦门，2017 年在浙江安吉县，

乡创英雄榜·王旭 | RURAL INNOVATION HEROE - Wang Xu

2018年在陕西袁家村……直到2019年，文旅峰会和乡创峰会首次在海南博鳌合并举行，成为了首届海南文创周。

第一年举办文创周，王旭笑言是"受了蛊惑"。他受邀参加博鳌亚洲论坛，论坛的负责人游说他来博鳌举办峰会，向他展示了博鳌的规模和潜力："你们的峰会才1000人，我们这里最大规模的会有1万人，5天的收入1个亿。"这让王旭产生了兴趣，他在实地考察了一番后得出结论：我们虽然不能一上来就做1万人规模，但做个3000人规模的应该没问题。第一年的博鳌文创周就此诞生，文旅圈此前没有举办过这么大型的活动，效果远比王旭预测的还要好。通过这次经验，王旭意识到：过去之所以没有做得更大，是因为大家觉得没有必要，SMART做过1000人规模的峰会，已经是业内最大了，不需要再超越自己。但实际上，举办一场大型峰会实际上比举办多场小型峰会更有效，既节约时间效率更高，而且声量更大。

博鳌文创周办了两年，无论是市场、投资方还是政府，都开始注意到了SMART的存在。在前两年，王旭和他的团队自己出钱举办这个活动，虽然也进行了一些市场化运作，比如寻找赞助商，以及与各个主理方的进行费用分摊，但每年都需要亏损大约一百多万。到了第三年，三亚政府主动找上门来：我们出钱，能不能把文创周搬到三亚来？

"但也不是三亚全盘买单"，王旭说，他将文创周的成本构成分为三部分：三分之一来自赞助商，三分之一来自市场，三分之一来自政府。他始终有一个观点：政府的钱属于锦上添花，即使没有这部分投资，也依然能够举办活动，但如果有了政府的钱，就可以把规模做得更大。这就涉及到王旭另外两个重要的逻辑：第一，为什么前两年自掏腰包也要做文创周？因为他一开始就把它设定为一个市场行为，他不希望今年政府能出钱就能做，明年要是换领导不出钱就不能再做了；第二，他认为最为重要的是，钱一定要从市场上来，才能证明这个产品是市场需要的——观众买票、赞助商投资、主办方出钱，都是他们用行动在投票，证明这个产品的价值。一个产品是否可行，是否能够成立，实际上是由这些人是否愿意出钱来决定的。

在最新一届的文创周中，各种体量论坛活动组合登场，其中包括一场3000人的超大规模论坛，6场500人的大型论坛，以及20多场面向100至300人的小型论坛。而支撑这些活动的，是SMART一个仅仅30人的团队，这个团队的每一个人都担当着项目经理的角色。为什么这样一个小型团队能够组织如此大型的活动？其中的逻辑是基于一种极度的共创理念，让30个人去支持30个主理机构，帮助他们以最低的门槛举办论坛。

举例来说，在文创周中，清华文创院成为了国潮文创的主理方，故宫则担任了博物馆文创的主理方，袁家村以乡创的主理方的身份参与其中，露营品牌猎户座则作为露营论坛的主理方，而杭州民宿协会会长夏玉清则成为民宿论坛主理方……这些主理方会发现，他们在文创周举办论坛的成本大大低于独立举办论坛，这得益于文创周提供的共享资源，如空间、场地搭建和传播等——由于拥有大量的共创伙伴，也令他们的声量大大增加了。

海南文创周之所以能每年举办，并且还将继续举办下去，王旭还将之归功于团队每年都在进行自我革命。

2020年，文创周首次增加了外场，在主会场外的草地上举办了小型音乐节，邀请了包括老狼和小河在内的民谣歌手分享他们的音乐和乡村心路历程，并进行现场表演。2021年转到三亚之后，又创新性地引入了全城共创机制，即便活动不是由官方策划活动，也可以加入到文创周中来，崖州湾科技城策划的崖州湾分会场，便是以这种形式实现的。

2022年的一个创新，是在三亚的海滩上创办了露营节，活动包含各式帐篷、音乐表演、啤酒节、艺术装置及各种诗集等元素，让不同的组织在这里尽享欢乐。

但是更为引人注目的创新，是新增加的"百县论坛"，王旭原本计划邀请全国各地100个县域参会，实际到场的县域达到了120多个。王旭一直以为，"百县论坛"这样的活动应由国家和政府来牵头主办，然而他的一位来自央视的朋友告诉他："政府也从未举办过这样的活动，无论是官方还是民间，都没有成功将100个县聚集在一起举办大会，你们是第一个。"

在文创周期间，这120个县域参与了8场关于县域发展的论坛，主题涵盖乡村振兴、金融、数字化、一县一品、红色美学、党建引领等多个方面。除此之外，还有现场工作营和路演活动。王旭看到：人们在里面探讨的，不仅仅是像过去那样，局限于引入一个民宿或一个品牌，而是集中于如何构建县域的基础设施和底层系统，并且使得各种业态都能在上面孕育生长。这使他感到欣喜：这个活动越来越接近他的初衷，他确实正在打造出一个助力中国乡村振兴的操

乡创英雄榜·王旭 | RURAL INNOVATION HEROE - Wang Xu

作系统的雏形。

　　海南文创周成为王旭的一个原创 IP，越来越多的地方政府找到他，希望引入他的文创周品牌，"什么黄河文创周、长江文创周、太行山文创周、黄山文创周……来了一大堆。"王旭对此有自己不同的看法：文创周如果一年开好几次就没有意义了。"我给他们建议说，每个地方都值得打造一个属于自己的品牌，没有必要复制，应该打造自己的 IP。"现在，他的团队正在帮助哈尔滨、西安、重庆和郑州等地打造自己的品牌，"可能是哈尔滨城市青年节，可能是长江艺术周，无论主题是什么，关键是：每个地方都要有其自己的特色和调性。"

　　支持海南文创周的是一个名为博鳌文创院的民间非营利组织，王旭同时担任着该组织的执行副院长。他计划很快在哈尔滨落地一个博鳌文创院的分院，这将成为他未来与各个城市合作的新模式，这一模式也将成为他未来构建操作系统的重要内核，以此支撑各地的创投和创业孵化，同时对产业生态行程影响力和规范性。这是王旭计划用 10 年时间来培育的一个项目。他从初次进入乡村到现在已经过去了 10 年，未来的时间单位还是 10 年，任何一个产业生态都需要长时间的扎根与沉淀，才能参天成林。这就是为什么，他今年给海南文创周提出的 Slogan 是这一句："种一棵树，最好的时间是 10 年前，其次是现在。"　　（文／库索）

AURORA
OUTDOOR CAMPING FESTIVAL @ SANYA
极光·三亚 露营节

乡创英雄榜·李政羲 | RURAL INNOVATION HEROE - Li Zhengxi

李政羲
"借宿"和它的乡村赛道

LI ZHENGXI: 'JIESU' AND ITS RURAL TRACK

乡村振兴需要做什么样的民宿集群?
"借宿"有答案。

乡创英雄·李政羲

RURAL INNOVATION HEROE - LI ZHENGXI

借宿 CEO

乡创英雄榜·李政羲 | RURAL INNOVATION HEROE - Li Zhengxi

采访李政羲的时候，他正在江西参加旅游产业发展大会，言谈间对江西将在全省推进民宿集群化运营的决策大加赞赏，因为这正是李政羲和他带领的借宿文旅团队多年来一直坚持的核心运营观点。

作为一名前资深财经媒体人，李政羲多年来一直深耕消费升级线下生活美学空间的投融资及运营管理，3年前起，他开始担任借宿平台的CEO，参与了中国民宿行业从情怀到商业，再到成为乡村振兴的切入口的演变历程。

借宿第八年

最近几年，"民宿集群"的概念在文旅产业内十分火热。这一概念由专业机构联合民宿及相关生活方式品牌，连接地方政府和文旅投资方，通过梳理地方政策、整合优质资源，将民宿以及相关生活方式品牌引入乡村，从而形成优质目的地度假聚落。

2017年，借宿引入国内五大头部民宿品牌，推出"黄河·宿集"，开创了中国民宿集群时代。随后，它又联合彭州市政府推出了"龙门山宿集"目的地产品，标志着民宿行业全面进入集群时代。

民宿要集群化发展，李政羲说，这是行业发展的必然趋势。民宿要解决淡季运营的问题，就必须解决淡季客流问题，什么客人会在淡季

来？通常可能是企业利用错峰团建、新品牌发布会、主题性研学等等活动。这些客群有一些核心诉求需要解决：房间数够不够？有没有大型会议空间？餐饮怎么解决？"这些问题靠一家单体小民宿是很难解决的。只有民宿集群化，整体合理的规划好功能配套，既要营造出乡村度假的度假感，同时做到尽量不要重复建设共同配套，降低项目投资强度，从而提高项目投资回报率。

那么，由多家小而美的民宿品牌聚集而成的目的地宿集，通过集群式抱团取暖，使得在目的地客源导流、内容营销上影响力及边际效率更高。借宿这几年业务实践也证明，整个行业从单体转化到集群化发展已成趋势。

除了每年发布"黑松露奖"梳理优质精品民宿资源外，借宿还拥有一支完整的内容营销团队。他们利用公众号、视频号、小红书、抖音、微博等平台，覆盖全国超过百万垂直细分领域的粉丝群体，帮助更多民宿品牌进行推广。同时，在内容传播过程中，他们引入品牌合作的套餐和大促活动，将粉丝转化为忠实的度假用户。此外，借宿还拥有"黑松露指南"内容种草类预定入口，为乡村振兴民宿产业提供了"内容+曝光+销售"完整的营销链路解决方案。

在李政羲带领之下，借宿这个平台致力于让"小而美"不再孤单上路，和所有热爱生活的人分享把风景变成生活的一万种可能。

2023年,已经是借宿的第8年,也是李政羲和他的团队想得最多、跑得最勤快的一年。

"我们对民宿行业的底层逻辑以及行业里有持续运营能力的品牌有了清晰的认知和分类,并且有能力把这些品牌聚集在一块。"最近,李政羲一直在出差,与各项目的政府部门进行对接,帮助政府和投资方梳理地方政府民宿产业规划策划、招商政策、土地政策、金融政策以及民宿产业三年行动方案等服务。他的愿望是:成为中国乡村度假领域民宿产业的"麦肯锡"专业机构,帮助民宿度假品牌及政府投资方更高效健康地发展乡村度假民宿产业。

从民宿集群化到民宿助力乡村振兴

2020年10月,在"无问西东"乡村振兴文旅度假产业高峰论坛上,借宿推出了"宿集2.0"版本,并提出了"从民宿集群化到民宿集群全面助力乡村振兴"的理念,实现了宿集产品的迭代升级。从"宿集2.0"开始,借宿将自身定位为"乡村度假民宿产业平台型运营商"。

李政羲表示:"乡村度假是我们的赛道,平台的概念是基于我们聚焦民宿产业,从一开始做众筹服务,到后来专注做产业上下游业务,用线上内容种草的方式去帮助民宿做销售。"

今年,借宿团队正在打造一个新的文旅项目:贵州安顺黄果树瀑布宿集。

黄果树景区作为老牌传统景区的代表,拥有庞大的客源,但一直面临着客单价低、游客停留时间短、人均客单收益低等问题。如何让客人快速进入目的地,并让他们慢慢留下来,深度体验旅行,就是黄果树瀑布宿集目前在尝试的转型探索。

"我们花了将近一年的时间做准备,差不多每个月都要驻场办公一段时间,就是为了完成黄果树景区周边村落的整体业务性升级,在前期的选址、策划、入住民宿及商业业态品牌的匹配度上费尽心思,致力于把整个黄果树景区升级成为新型的度假产品目的地。"

"传统意义上,人们基于黄河宿集的认知,认为借宿就是做民宿集群,但我们已经跳出了这个概念,通过黄果树瀑布宿集在做新的尝试。黄果树的核心景区面积并不大,但景区周边有很多自然村落,这些村落的度假产品提升,将在本质上带动当地产业升级和乡村振兴事业。"

在李政羲看来,民宿是乡村振兴的一个抓手,有了可以住宿的地方,才能带动当地的深度旅游和消费。乡村振兴的本质是人与乡村资源的价值重组,"人"指的是:游乡人、新乡人、归乡人、原乡人,"资源"指的是自然资源、人文资源、物产资源,通过以客户度假体验为核心让民宿产品化、产业化。

通过发展民宿集群,活化乡村、盘活存量资产或空心村,成为吸引人群返乡的产业抓手。

精品民宿将城市人的度假生活方式带到乡村,吸引城市人前往乡村进行休闲度假,同时也带动了乡村的一产和二产消费。乡村的生活方式能够让城市人与自然亲近,使身心得到放

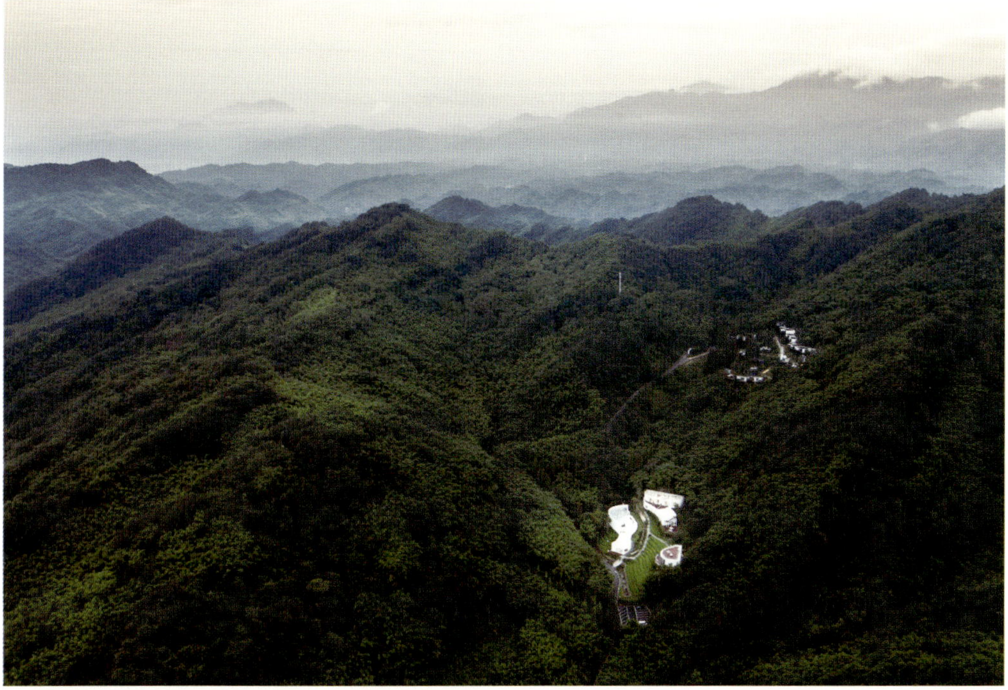

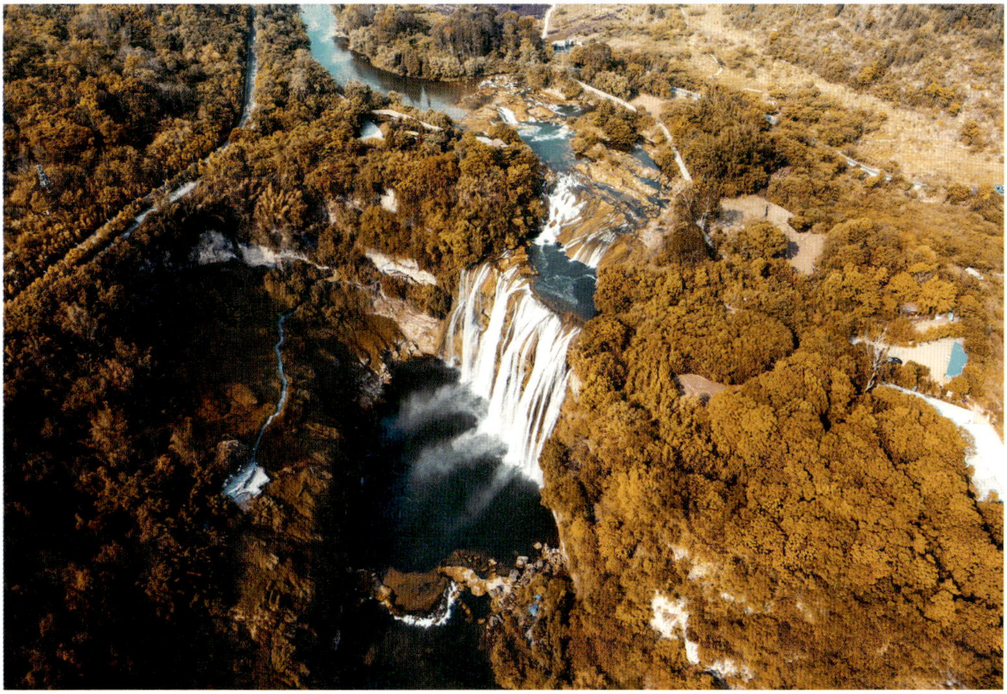

松，同时还能购买当地的地道风物和文创产品。现如今，销售地道风物和文创产品已经成为每一家民宿的基本配置。

　　光有度假还不够，同时利用黄果树周边的地质风貌和天然景观，在周边村落开发户外探索业态。比如溯溪、探洞、飞拉达等户外体验内容，在度假集群里配置书店、艺术空间、咖啡厅、酒吧、亲子类、宠物友好类等创新业态，定期组织音乐节、艺术节内容等等，打造成为目的地艺术度假生活社区，让客人在这住下来之后有机会拥有更多元的度假体验。

　　传统景区如果不进行迭代和更新，势必面临客群老化的问题，而自然型景区的未来营收可能越来越单一化。因此，在2023年3月，借宿作为承办方，与黄果树景区合作举办了第二届中国民宿产业发展大会，主题为"焕新"。李政羲表示："贵州旅游拥有强烈的创新意识，非常市场化，比我们之前想象的更加开放。"

　　"这一次焕新，我们引入的不仅仅是精品民宿，还有度假村品牌，例如裸心集团、安岚、郡安里等等，以及多家野奢度假酒店型营地，这些品牌具有更多元的业态和更丰富的体验性内容。"

　　借宿的主要任务，深度梳理闲置的资源点位，定位分析精准匹配适合的品牌运营方，协助投资方和品牌方谈判，保证合作顺利推进。

　　而借宿之所以进入黄果树景区这盘棋局，

也来源于它多年来积累的优势：看得清楚当下中国传统景区面临的"病症"，"药方子"也已经准备好，能精准"对症下药"。

在乡村做美好的生意

2015年，从财经媒体离开之后，李政羲参与了开始吧的创业，那时就已从行业融资的商业角度思考民宿赋能乡村振兴产业的方法论。

对于财经媒体背景的李政羲来说，乡村不是特别亮眼的赛道，但是任何行业只要深耕，就一定能看到独特的风景："我不是纯情怀型的选手，但我看好这个赛道，愿意用自己的专业能力为中国乡村建设贡献微薄之力。"

在李政羲看来，近几年中国整体的度假消费趋势是一条清晰向上的市场曲线。对比欧美国家的度假消费趋势变化来看，中国的人均GDP突破1.2万美元之后，度假方式和度假产品必然会有一次迭代，消费升级之后必然会出现消费分级，在乡村振兴大的时代背景之下，乡村度假会有结构性机会。

那么乡村振兴需要做什么样的民宿、民宿集群？他认为要规划打造这三类产品，精品民宿是旅游目的地"引流破圈"的流量抓手；精品民宿集群是留人、留时间、留消费的重要场景；共建共享民宿集群是实现乡村共富的重要路径。

目前借宿做的是地方政府打造高端引领性民宿集群，通过运营好引领性项目，让乡贤资本、

乡创英雄榜·李政羲 | RURAL INNOVATION HEROE - Li Zhengxi

本地村民看到民宿集群化发展是可持续性的。同时留出不同价位民宿产品空间给他们。对这个地方形成以点带面的带动作用，这就是高端民宿集群在乡村振兴中民宿产业发展的核心价值所在。

"有恒产者有恒心"，李政羲和他们的团队一直在深度研究乡村土地问题，特别是村集体建设用地问题，如何让资本进的来，退的出，如何让资本愿意进入民宿这个产业，并且健康稳定的滋养中国的乡村振兴事业？李政羲说，中国的乡村度假产品有巨大的投资前景，只要解决了资产投资方关注的几个基本问题，就不用发愁。比如乡村民宿投资资产确权问题、健康稳定的运营问题、经营性资产未来资产证券化的问题。

"我们的工作就是推动这个生态圈变得越来越健康"，李政羲说。

（文／张君会）

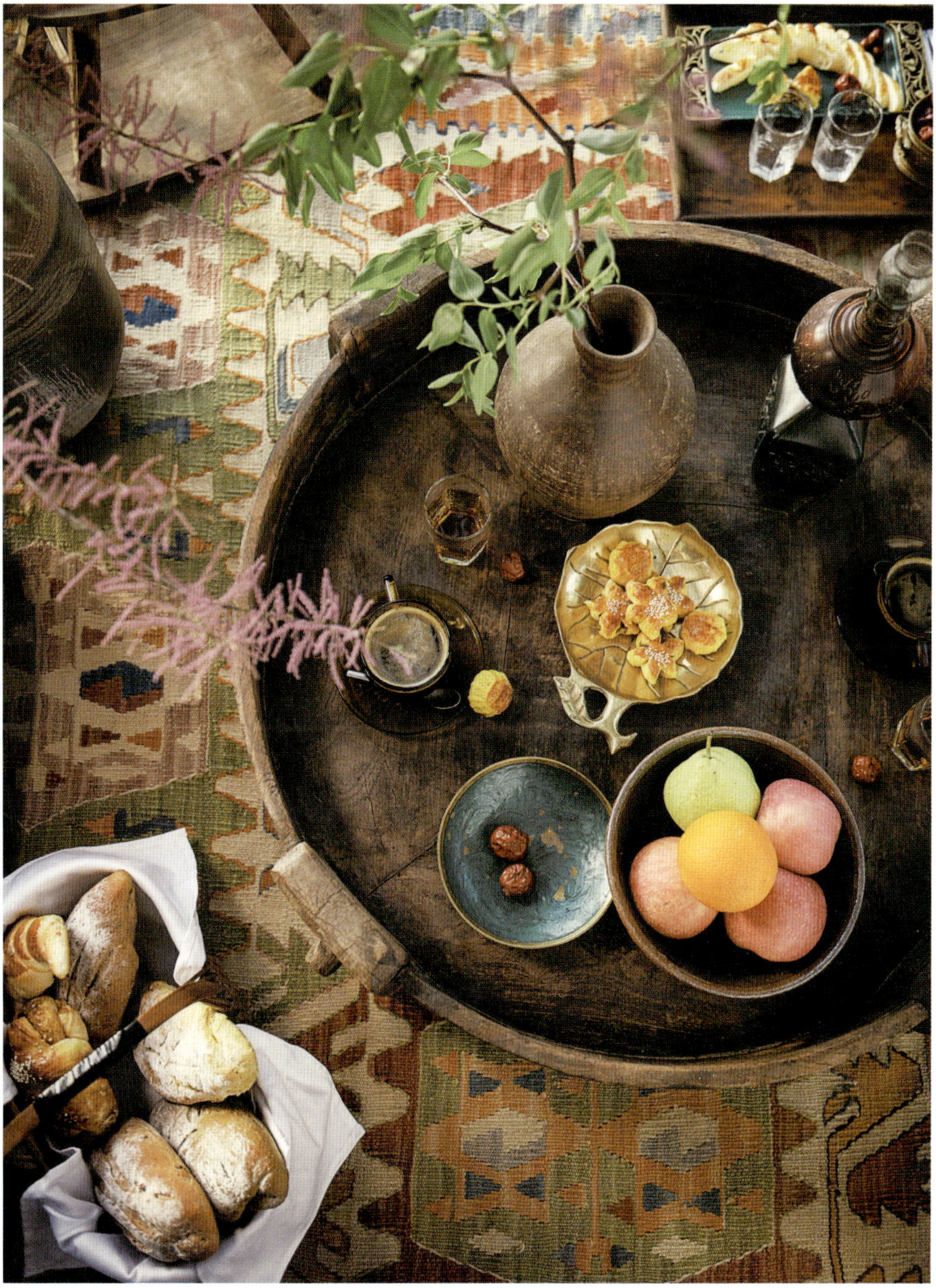

乡创英雄榜·夏雨清 | RURAL INNOVATION HEROE - Xia Yuqing

夏雨清
追寻远方的家,他建起"宿集江湖"

XIA YUQING: CHASING A DISTANT HOME, HE BUILT 'SUJI JIANGHU'

民宿,可以活化一片乡村。
民宿,可以改变一个地域。

乡创英雄·夏雨清
RURAL INNOVATION HEROE - XIA YUQING

"宿集营造社"召集人 / "飞鸢集"创始人

乡创英雄榜·夏雨清 | RURAL INNOVATION HEROE - Xia Yuqing

浙江省丽水市松阳县四都乡的陈家铺，坐落在三座绵延的山冈上，海拔约850米，岩石构造的山崖，被梯田、竹林、古树、山峦簇拥着，村庄依山而建，沿着山崖、山坡层叠上升，一座座黄青灰瓦的屋檐隐没在山峦与云层深处。

这是一座600多年历史的古老村庄，保留着祠堂、香火堂、社庙、古民居、古店铺、古道、驿站等40余幢传统建筑。两条古驿道穿村而过，四周零星分布的三合院、四合院种类繁多、造型精美。

但因为这里山高路远，多年以前是一座无人问津的村庄，作为"整乡搬迁，下山脱贫"的对象，村民们曾陆续"下山脱贫"，住进了县城周边的安置小区，还有一些村民离乡谋生，山上越来越多的房屋、山林、田地处于闲置状态。田园牧歌卡在时代的车轮里，下一秒就要狠狠碾过。

飞茑集在松阳，如何"守住"一座乡村？

2013年的一天，下着滂沱大雨，陈家铺村青石板路上两个人冒着风雨蜿蜒而上。他们中的一位是松阳县的县长，雨太大了，皮鞋抛了漏，

他就赤脚踩在青石板路上，一直走到村会堂，也就是后来的先锋书店门前。

"这么美的地方，我怎么拆得下手？"不愿意拆，又该如何守？一座被遗忘的乡村，有什么办法，可以在不拆的情况下脱贫？两人在村会堂里，拿着纸笔开始筹算，一户村民要达到多少年收入才算是脱贫？如果一间民宿开起来，哪些方式可以帮助这帮村民脱贫？开多少间客房，可以平衡村庄与外界之间的微妙关系？于是，松阳县，先锋书店隔壁，飞鸢集的第一批4间房开了，一个村，遗世独立。4年之后，也仅新增了11间房。

夏雨清回忆这个故事时，说到了一些数字，"飞鸢集四间房时，就改变了这一个村子。现在，每户村民人均年收入有3万多块，有些村民一年能有十几万。改造飞鸢集时，通往村口有一段六七百米的村路，不通车，只能靠人力搬运。有个村民很聪明，买了4只骡子，帮我们驮运那些建材，一年有30多万的收入。"他的语气里是由衷的欣慰，"村民很有创造力，他们知道哪些东西是可以做的，能做得更好。"

飞鸢集在松阳，很快吸引来全国各地的人，

为一间民宿，打卡一座目的地，人们走进来，发现这座被遗忘的秘境。

"村子里的老人把番薯干送给我们，这是当地人自种自晒的小零食，没有添加剂，放久了，就容易长毛，只能扔掉，村里就找到我们，怎么才能把村里一年三五千斤的番薯干卖掉？"

原来3元1斤也要没人的番薯干，经过重新包装，在社交媒体上售卖，400克38元，三四天就卖完了，"其实我们没赚钱，和村集体是按20元1斤结算的，加上推广的费用，差不多打平。"

第二年，村民们种了10倍的番薯，这是个很朴实的想法，既然番薯有人买，就多种点。但是，工商局找到夏雨清，不能售卖"三无产品"，授人以鱼不如授人以渔，夏雨清就教村民们自己卖。村民们就一边卖，一边晒，卖了一个秋冬，差不多也卖完了，整个村子收入都起来了。

他又想到，能够种番薯的都是些年轻力壮的青年人，村里的老太太只会种菜，吃不完的菜，年年都烂在地里，第二年又照常种上新的菜。"我们发现客人的后备箱都是空的，就搞了一个蔬菜自由计划，包装一下，把不打化学农药的蔬菜送给客人，现在好多村民都向我们供菜，村里七八十岁的老人都在种菜。"

在中国宣布脱贫那一年，整个村子还有几十户贫困户，"乡里的领导又找到我们，怎么去帮他们？很简单。村里面外来的民宿有7家，占用了这个资源，就要为当地做贡献。民宿需要什么？鸡蛋、蔬菜和土鸡。那就让这些村民养鸡，因为养鸡是最轻松的，白天放进竹林里，晚上鸡就自己回来，每月按份量供应给民宿，这样既解决了民宿的早餐，又解决了贫困户的收入来源。"

夏雨清用经营的头脑，为乡村梳理清楚他们与市场之间的供需关系，渐渐地，村庄里除了农耕，有了新的产业链条，就这样从无到有，从生到生生不息。

在摸着石头过河的道路上，夏雨清也明白，乡村建设是牵一发而动全身，仅靠一个人的力量是远远不够的，一个民宿可以活化一个乡村，那么一群民宿的聚合，会产生"1+1+1＞111"的能量效应，能受益的绝不只是一家乡村，可能是一片县域。

宿集在草原，"远方的家"可以到多远？

2023年6月，夏雨清正在内蒙古的科尔沁草原筹备他的草原宿集。

3年前，他来到这里时，草原上还没有路，绿油油的草地上，只有牧民们的车压过的痕迹隐约可见。没有电，牧民用小小的风能发电，只在傍晚时分短暂照明；没有水，牧民都是自己打水井；没有网络信号，几乎与世隔绝。

但是这里有草原。夏雨清认为，"海洋和草原都是人类度假的终极梦想。"

他心中的草原，是辽阔无疆的天地间，马儿在自由的奔腾，直到云野被冲散，是"春风得意马蹄疾，一日看尽长安花"，是"夜阑卧听风吹雨，铁马冰河入梦来"，是"牧人驱犊返，

071

乡创英雄榜·夏雨清 | RURAL INNOVATION HEROE - Xia Yuqing

归草原，让它慢慢老去，皈依成土。把这个地方，还给原先的生活。"

城市已经看不看星空了，但是草原上的星空，像天地初开一般璀璨如云。夏雨清说，"按照国际对星空的定义，有1到9的评级，内蒙古草原上的星空是1级，草原宿集和仰望星空团队合作，建立了一个仰望星空团队，每天带客人观察星空，用专业的仪器可以看到更多繁星在头顶闪耀的场景。"

很多年前，夏雨清还在《浙江卫视》拍摄纪录片时，去过全国所有的省份，那些优美的地方，现在都很难找到旅店，在当年根本没有地方住，他形容"白天是视觉的盛宴，晚上是肉体的灾难"。

可是在武侠小说里，无论走到哪里，管它是戈壁黄沙还是无人村落，纤陌纵横，四通八达，都能找到一间不错的客栈，一扇透光的木门，就可以关上外面的雷霆风沙，"掌柜，来间上房。"

"宿集就是远方的一个家，到了偏远的地方，也可以有朋友。在城市里必不可少的东西，比如卫生间、淋浴室，还有很多人离不开的咖啡屋、面包房、餐厅、书房，我们都会有。"

如今，宿集的脚步已经涉足了宁夏、重庆、陕西和内蒙古，从辽阔山野、大漠江涛到戈壁荒原，陆陆续续建立了秘境的"江湖驿站"。夏雨清说，像新疆那么美的地方，集合了戈壁、草原、雪山和大漠，开10家民宿都不嫌多。

"我们可不可以走得更远？去到以前别人抵达不了的地方。南迦巴瓦、梅里雪山，在西藏，

猎马带禽归"。

现在，马成了逐渐消失的动物。牧民养牛养羊不养马，因为马卖不出好价钱，也当不起交通工具，因为牧民都开越野、骑摩托，再者，养马的成本也高，马不能只吃草，还需要吃豆类和甘草，养一头羊可以卖三四千，养一头牛可以卖一两万，可是养一匹马，它一文不值。

"我认为，马才是草原的精灵。陪伴我们中国人最久，诗词里有它，历史里有它，草原上不能没有马。我们和三河马第四代养马人高飞发起马的守护联盟，退役的马，老了可以回

一打开窗帘就看到雪山；在新疆，一出门就是大漠戈壁，我们在那里停留下来，慢慢去探索，探知这个地方，让它不只停留在一张照片上，一本教科书上。"

跨过山和大海，"掌柜，来间上房"

其实早在2000年，夏雨清在莫干山开的第一家民宿，就已经在不走寻常路了。他的初衷是：探索无人秘境的美好。

后来的莫干山，成为一个全国趋之若鹜的度假胜地，总有种"无心插柳柳成荫"之感，后来慢慢延伸出飞莺集和宿集，渐渐让他明白：民宿，是可以活化一片乡村的。民宿，是可以改变一个地域的。

"偏远只是一个相对的概念，只要是车辆可以抵达的地方，都不算偏远。"他在意的是宿集开在这里，能给当地带来了什么，最直观的就是旅游客群的进入。第一家黄河宿集，坐落在一个宁夏寂寂无名的小县城——中卫，在此之前几乎没有人知道，宿集进去后，又在地图上创造了一个奇迹。"当地新增了十几条航线，航线意味着旅行消费更高端的人群，这么多条航线，也意味着航空公司对这个地方是有信心的。"

在乡村建设里，还有个绕不开的话题，乡村到底应该如何把握"城市进化"的进程与尺度？当地的自然生态，是否会因为新链条的渗入，从而打破固有的平衡？

"比如我们现在，在科尔沁草原里，会发现牧民都是中国快要消失的行业。这里的牧民半年在这里放牧，半年回到定居点，那这片草原就荒废在那里，我们来到这里后，把草原还给草原，让牛在这儿吃草，马在这里奔驰，这片草地反而长势更好了，越践踏反而越好，如果放置不管，两三年就荒废了。这样才能生生不息，是草原最好的循环。"

这个观念打破了我们固有的印象，乡村建设并没有一个精准刻度的模型可以参考，也不是可复制的公式套路，它冥冥中有一种自然循环的无形力量，生态比我们想象中要强韧，因为它原本就是如此。

其实，城市里高密度的人流，荒漠里无人的烟火，两端的严重失衡才是当今时代需要认真看待和思考的问题，天与地、日与夜、城郊与乡野，在还没有现代文明之前，世界就如此生生不息的循环，任何一方的失衡，都如蝴蝶席卷江河大洲，最终翻搅的尘埃会落到每一个人头上。

有人说，宿集是一个被包装出来的商业概念，靠它赚钱很难。但人们忽略了，商业价值之所以能成形，是因为其背后无形的价值。任何一个人，如果只着眼在商业的"术"上，无法领悟到市场逻辑背后的"道"，那么，哪怕盛造一时喧嚣，最终也是竹篮打水。

不可否认，宿集确实是通过商业逻辑在打造一个旅行新兴业态，但是从他们的每一家选址，每一场发声，每一次诞生的活动来看，所有行为的落脚点，最终还是以乡村建设为核心。

"民宿是乡村振兴一个入口，以宿集的力量，实现真正的乡村振兴。一个民宿可以改变一座乡村，一个宿集改变一个县域。"

宿集周围总有新故事发生。有间叫"空山九帖"的书店，随着宿集，开在山野之间，解读诗人笔下的寂寞；有个叫"公路商店"的杂货店，跟着宿集，在大漠荒野里，开办蛮荒的音乐party；在美术馆里举办草原分享会，摄影师拍下无人秘境的绝美风光。

宿集作为一个圆心，辐射吸引而来的品牌，自然的创造出爆破的化学反应，但是这么多品牌，是如何与多方合作的？如何融合不同品牌的元素与调性？

"我们把品牌引进来，我们做的是整体规划，不同的品牌吸引来的人很多元。我一直认为专业的事情要交给专业的人去做，我们不懂如何养马，就把这个板块交给专业团队，他们清楚每亩草地的核载量，清楚马应该怎么养好，交给他们我们很放心。"

采访前两天，科尔沁草原上刚刚举办了一场牧野分享会，以天为幕，以地为场，众人围成一个圆圈，中间升起篝火。这场晚宴的灵感是来源于贝尔加湖畔的原住民——布里亚特人的婚礼仪式，沉没的蒙古族，用古老的仪式在草原里纳福迎喜，"每个人都很快乐，都在探讨来到草原后的感受。"

"一家宿集开业后，我就很少去了，因为我已经在下一个目的地的路上了。"夏雨清笑着说，"我这几年的生活方式，就是不断去发现新的目的地，我会去现场看推荐的项目地，那个地方能不能建房子，或者有没有房子可以改造。"

这才是武侠小说里的场景，本是城市夜归人，忽而江湖远行客，各色景色、人马都在世界里自由穿行，在大漠看落日长烟，草原里枕风吹麦浪，戈壁穿过星河浮沉，直到找到一间客栈，拉开里面的人生喧哗，"掌柜，来间上房。"

（文／小野）

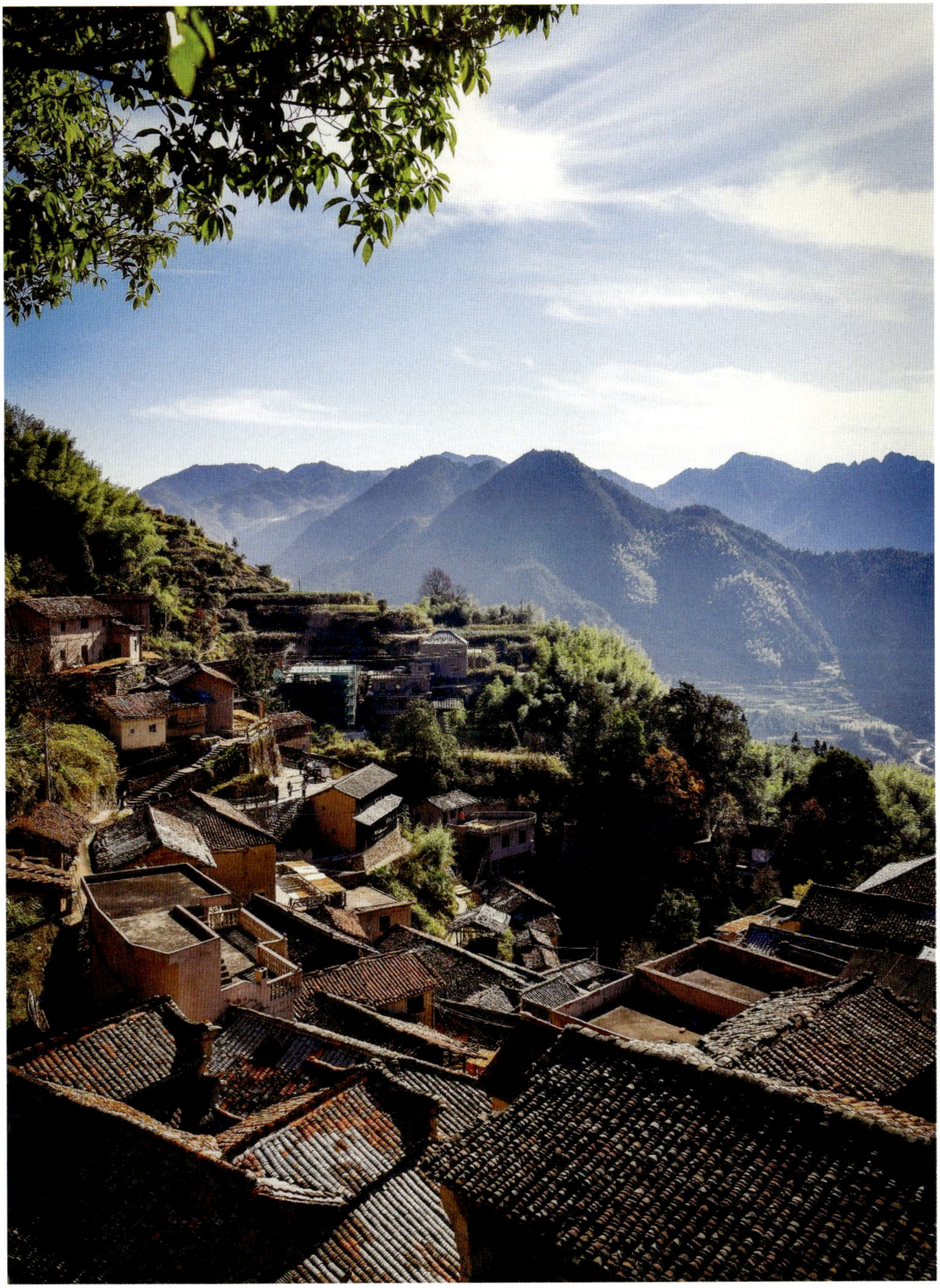

乡创英雄榜·八旬 | RURAL INNOVATION HEROE - Ba Xun

八旬
用艺术去开荒

BA XUN, BREAKING NEW GROUND WITH ART

他把乡村建设比作苦行僧人用一辈子时间在山顶修建寺庙，在他的价值观里，十年坚持做一件事，比一年做十件事更有价值。

乡创英雄·八旬

RURAL INNOVATION HEROE - BA XUN

白族建筑师

试图像苦行僧人在山顶修庙一样来建造心中的现代乡村——大理白族人八旬为此消耗了十多年时间。可以肯定的是，他还将继续下去。

当天上午在大理双廊后山海拔 2700 米工地现场的八旬，一再推迟了聊天时间。他驾车下山临近双廊村口，面对载着各地游客的车辆，守时的他也只能卷入令人暴躁且无奈的拥堵中。聊天地点也从木夕大里餐厅临时换成了距离村口更近的夕上酒店——十五年前，这里还只是一个洱海东岸罕有生人面孔的封闭渔村，当时的八旬将自家老宅改造成了双廊第一家乡村酒店，也就是今天夕上酒店的前身。

十五年后，靠着苍山洱海的绝美风光和设计各异的海景民宿，双廊的洱海边成了声名日隆的乡村度假目的地。酒店门外熙攘鼎沸，白发渐密的八旬不以为然，"别人还沉醉在生意火爆的时候，我却在担心双廊这块电池会耗干电量，我总是在焦虑要弄些什么新东西给电池续命。"

伙山美术馆的诞生

八旬口中的新东西很多，包括被人认为"算账算不过来"的伙山美术馆。这被他视为也许能影响因旅游富起来的乡亲们内心观念的东西。美术馆位于双廊镇后山伙山村，从洱海边前往需要一个小时车程，这里原本是一个陷入深度贫困的村子，村民的经济来源仅限于散种玉米和夏天捡拾野生菌。

2011 年，八旬找到了这块地，初衷是想建一栋自己搬离洱海边隐居深山的房子。美术馆的建造计划则启动于六年前——彼时山下洱海边投资火热海景民宿数量井喷，无人问津的山上却仍是一片荒芜。在八旬的理解里，复制山下的海景民宿没有意义，一座壮丽的艺术空间，或许会让人把目光从山下投向山上。

"建一建，停一停，想一想"，这是友人口中的八旬建房三部曲。十几年时间，他仅做了十几个建筑。"换做别的设计师，早就饿死了"。他为导演张扬在双廊建造的房子耗时四年，他在双廊设计的海景酒店每个工期都要两年以上。八旬至今感谢那个时代里那些大胆的民宿投资者，让并非建筑科班出身的他，靠着早年间用木棍给工人比划，从零开始细心打磨每一栋房子，"他们让我完成了梦想"。

然而，比起回报可观的海景酒店，身处山顶的美术馆这个梦想抽象：没有竣工截止日期的建设方式，让所有人瞠目。几年间，八旬一有闲钱就开工，也拒绝了一些善意且阔绰的投资人，"我还在为美术馆做加法，不知道何时完工，更没想好如何盈利"。

从最早期使用白族传统青砖铺贴外立面，

到大面积使用青石板，八旬习惯于从新开始。美术馆冷硬纯粹的清水混凝土风格与八旬之前擅用石板的风格迥异。在冬日飘雪的高海拔荒芜之地建设，所谓的"三通一平"需要八旬自己完成，他推平了施工车辆进出的道路，从几公里外拉来建房用电，带着本地工人从零开始摸索如何使用清水混凝土建房。

互联网的传播力让八旬颇为意外，建筑尚未完成，他便时不时收到友人分享小红书上关于"伙山美术馆"的新帖。担心发生安全事故的他，让工人们紧急加装了门禁。无奈的是，很多慕名者仍翻越围墙进入。网络上甚至一度出现了如何翻墙的攻略。

直至今日，受因于有限的资金，还有八旬脑中持续蹦出的新想法，美术馆的建设断断续续，早已学会设计图纸的八旬几易其稿。在他的想象中，这片荒芜的土地还需要继续做更多的加法，未来的伙山村，不止有美术馆，还有艺术家村，甚至举办大地艺术节。

希望双廊发展"慢一点"

一头长发，瘦高身形，独立设计师款的黑色外套，巴黎世家的运动鞋，八旬的外形已与典型的中国设计师无异。

但在很多友人眼里，他又是非典型的设计师。甚至他本人也抗拒"设计师"这个头衔。"满足投资者对回报周期的要求，这是成熟设计师的形态，我一直不够成熟"。建设周期漫长，不断推翻原有方案，甚至坚持己见。让很多人不敢将项目交给他。他更愿意媒体称呼他为"乡村建造师"，毕竟，他的作品无一例外地建造在乡村。

与众多典型的中国乡创人不同，八旬没有外出求学然后返乡的经历，也没有光鲜的海归

乡创英雄榜·八旬 | RURAL INNOVATION HEROE - Ba Xun

背景，他从出生起，就从未离开过双廊。1995年中学毕业后，他做过两年洱海游船的船员，整日摇晃在水面的生活让他感觉一眼望到尽头。那时疲于生计的奔波已耗干了小镇青年的精力，自幼擅长的水彩画和书法只能被当作无用的爱好搁置在一边。

后来在双廊投资银鱼加工厂也不顺利。行情暴跌让八旬血本无归。他只好跑起了运输倒卖起了二手手机，一度还卖过珍珠。为了尽快还清外债，他只好一天打几份工。现在他很少吃银鱼，惨痛的投资失败经历让他对加工厂那股扑鼻的腥臭味记忆深刻。

2005年，双廊本地艺术家赵青正在为舞蹈家杨丽萍建造太阳宫和月亮宫。彼时的这个小村庄，一入夜便漆黑一片，但杨丽萍敏锐地预感到：新的艺术建筑将会给这个古老渔村带来变化。她鼓动八旬建造一个类似大理古城MCA客栈那样的房子。于是，银鱼加工厂变成了双廊第一座乡村海景酒店。它与之后十几年建在洱海边一字排开的其他双廊酒店不同，八旬在其中保留了一个绿植茂密的开阔院子，他认为，"有院子才是白族人的生活"。

2010年前后，中国第一波"逃离北上广"风潮开始涌动。洱海边的双廊成为大理古城之外接纳外地移居者的新选择。越来越多的投资者开始涌入，对环境陌生的他们倾向于寻找当地人的帮助，八旬成为了投资者眼中的"航空母舰"——谁来双廊，都要停靠一下。

八旬始终被认为是非典型的乡创人。他要帮助外来投资者解决找地、谈合同、建房、后期运营，甚至维护四邻关系等一堆问题。更重要的是，他还要试图改变本地人的观念。亲眼

看到他建造的客栈生意火爆后，乡亲们开始动摇自己封闭的想法，拜托八旬帮自己设计房子。在八旬的理解里，在乡村做事，首先要让人觉得你对人有用，很多想法才可能落地。他的"有用论"，正如导演张艺谋所言："让自己迅速工具化，工具化你就会对人有用。工具不是个坏词，有用是我们这一代人深入骨髓的价值感。"

经济不宽裕的本地人尤其看重房子建成后的经济价值，"对于白族人，建房子是头等大事"。但是八旬也有自己的执拗。一个请八旬免费设计房子的村民觉得自家的树木挡住了海景，便修剪了树枝。八旬为此火气很大。"建房不砍树"，成了八旬身上的众多符号之一。

但是，双廊日益加速的变化让人眩目。八旬缓慢且不接受沟通的建造方式，也让许多外来投资者却步。有些人发现绕开他能让客栈更快地开业。大拆大建让2012年前后的双廊遭人诟病，原本漫溢温情的乡邻关系在利益争抢中开始了撕裂。八旬有一个形象的比喻，那时候从山上望向双廊的海边，就像看到"一堆牛粪冒着躁动的热气"。

2012年，希望双廊发展"慢一点"的八旬，召集了全国的知名设计师，还有一批在大理的优秀客栈经营者，他自费举办了首届"双廊公益论坛"，目的是问诊双廊的现状，为未来开药方。论坛当天，他让人在自家酒店门外架设了高音喇叭，向全村人同步播放参会者的声音。结果响应者寥寥，甚至有当地人认为这是八旬的个人炒作。

多年之后的2023年，自诩"不再轻狂依然年少"的八旬，反思了当时企图迅速改变当地人观念的急躁。这一年的春节，他在双廊主街

乡创英雄榜·八旬 | RURAL INNOVATION HEROE - Ba Xun

的"山萤书店"开业。这是双廊第一家书店，书籍以艺术和云南题材为主。这又是个"算账算不过来"的新东西，营业额还不如街对面的过桥米线店。书店对村民免费开放，村里的孩童只要不喧哗嬉闹，便能在书店里看书写作业。

"一锄头是不能挖出一口井的，乡村观念的变化是个缓慢的过程。"八旬如是说。

乡村建设，好比苦行僧人用一辈子时间在山顶修建寺庙

除了继续免费帮本地村民设计自家的房子，现在的八旬已很少再接酒店设计的委托。他更愿意为双廊设计美术馆、艺术馆和书店，甚至还为村里的菜市场做了一套设计方案。

在旁人眼里，农村菜市场的杂乱无序，粗陋的钢架和被高温煎烤的铁皮顶棚，早已是众人习以为常的样貌。充满艺术设计感的菜市场、美术馆、艺术馆、书店对于村里人都是奢侈品。

与友人聊天至凌晨，这是过去十几年八旬的常态。身前壁炉火焰升腾，红烛燃烧是他最醒目的聊天场景。阅读量极少的他，却有着让人惊叹的民间语言能力。内容可谓天马行空，有青春期的双廊记忆，有他骑行欧美的趣闻，有到日本探访艺术建筑的感动，当然话题的重心永远是双廊的未来。

聊上几夜，对方就得为梦想掏出真金白银，

"为了做出更好的东西，原来预算500万，被他说着说着就追加到800万"，这是多位委托他设计双廊酒店的友人的调侃。

让八旬感慨的是，因为双廊发展速度超出了所有人的预期，一些早期的移居者已逐渐搬离了双廊，后期进入的投资者都是雇佣职业经理人打理酒店。多数时候连个聊天的人也找不到。无法讲述内心的渴望，一度让八旬陷入苦闷，"我不能强求和我一起长大的那帮朋友玩伴理解我的想法"。

八旬把乡村建设比作苦行僧人用一辈子时间在山顶修建寺庙。在他的价值观里，十年坚持做一件事，比一年做十件事更有价值。

八旬认为自己一辈子不会离开双廊。2015年前后，多方力量试图为"发高烧"的双廊降温，急速发展也让八旬无所适从。他尝试过去距离双廊50公里外的洱源凤羽进行乡村建设。那里是洱海的源头，与双廊同为白族古镇，坝子开阔，阳光充足，四百年前徐霞客曾在此短暂停留。

"进来的人要与这片土地发生关系"，这是八旬时常挂在嘴边的一句话。他认为自己是主动与凤羽发生了关系。辞职隐居凤羽的资深媒体人封新城，返乡创业的前银行高管陈代章，都是八旬眼里的"苦行僧"——对更好的乡村保持热爱，愿意像修庙一样扎根这片土地。

八旬坦言，在凤羽的他更为轻松自在。封新城的天马行空创意无限，陈代章处理琐事的细致和维护当地各种关系的周全，被八旬视为乡创人的最佳组合。过去十几年，他要以一己之力分饰两角。

几年时间，八旬在凤羽佛堂村的果园里设计造了一个乡村酒店——退步堂，在山谷里人烟早已散去的空心村改造了一个废弃的石头房子，更在遍布梨树的山坡上做了一个种满稻谷

乡创英雄榜·八旬 | RURAL INNOVATION HEROE - Ba Xun

的空中剧场，"这些想法原本应该落地双廊，很多原因让我放弃了。"

夏日酷暑，八旬斜靠在双廊夕上酒店的木窗边，他提起了儿子最近送他的一本书：余华的《活着》。自称"悲观的乐观主义者"的他认为，书中主角福贵是幸运的。"如果福贵没有被龙儿设赌局而输光田产，他会一直戴着地主的帽子，被枪毙的就是他。"2018年年底，因为政策原因，八旬设计的几座上过杂志的洱海的房子遭到了局部拆除。面对友人们的安慰，他笑着说"幸好拆了，不然别人以为我原来建过那么丑的房子。"

乡建活动在当下中国如火如荼地进行着。八旬婉拒了一堆来自全国各地的邀请，他时刻保持着对项目遍地开花的警惕，"造一座漂亮的房子，跟买一件衣服没有区别，如果衣服里面的人没有改变，那是没有意义的"。

八旬，眼下最开心的事是山下的酒店和餐厅的生意不错，他又可以买水泥拉上山去建造"算账算不过来"的新东西。他总是强调"不要在乎快慢，而要在乎对这片土地的真诚"，这让我想起了《活着》的结尾——"我知道黄昏正在转瞬即逝，黑夜从天而降了。我看到广阔的土地袒露着结实的胸膛，那是召唤的姿态，就像女人召唤着她们的儿女，土地召唤着黑夜来临。"

（文／一海）

乡创英雄榜·林登 | RURAL INNOVATION HEROE - Lin Deng

林 登
喜林苑的 Linden Center

LIN DENG, THE LINDEN CENTER OF XILIN YUAN

在喜林苑，最重要的并非只是一个可以休息的床位，而是能带给人们精神与灵魂的归属感。

乡创英雄·林 登

RURAL INNOVATION HEROE - LIN DENG

喜林苑创始人

乡创英雄榜·林登 | RURAL INNOVATION HEROE - Lin Deng

"杯噎么，杯噎么？"云南大理剑川县石宝山下的石龙村，冬日午后的阳光打在石板路上，鸡鸣狗吠，偶有从田间劳作回来的村民与金发碧眼的林登相遇，他总是抢先用白语问候："吃饭没？吃饭没？"这里的村民对他既没有陌生的新奇，也没有熟悉的热络，一位坐在路边绣花的白族阿姐怯怯地问道："林老板，我可以去你那里上班吗？"林登哈哈笑着，"你会唱歌吗？会唱歌就去我那里上班。"

石龙村在云南大理以盛产"歌王""歌后"闻名，这里的男女老幼人人会唱歌对调。剑川县一年一度的石宝山歌会已延续千年，以歌会友、以歌传情，是白族民间最盛大的节日。地处石宝山腹地的石龙村近水楼台，传说这里的孩子还不会说话就能跟着调子跺脚，这里的小伙子不会对调就找不到老婆。2004 年，石龙村被认证为云南省省级民俗文化村；2010 年，又被认证为"国家级非物质文化遗产项目传承基地"。当地政府一心希望旅游业能够带动这里的发展，于是邀请喜林苑的创始人林登来给村民上课，探寻村里的旅游发展之道。林登很喜欢这个"还有灵魂的白族村"，用他的话来说，这里还保留着原生态的农耕文明、民族传统和生活方式，这也是他最终选择将喜林苑落地此地的重要原因——一如当年他选择了喜洲而不是大理古城一样。

金发碧眼的"村长"和他的喜林苑

"村长，你最近生意怎样？你吃面不要忘

了给我喝汤啊。"在喜洲，马车夫搂着林登的肩对他说。"村长"这一称谓，是如今喜洲人对林登的一种认同。

"村长，你看看这字画嘛，清代的，便宜你，两百要不要？一百也行啊！"林登掏了钱，很爽快地接过那字画，走出菜场摇着头说，"我知道不是真的，但想照顾一下他们的生意。"林登深谙中国人的处世之道，他也正是以这样的方式快速融入了当地人的生活。

扎根喜洲18年，这个金发碧眼的男人成为了地道的喜洲人。2004年，林登带着家人到大理旅游，恰巧看上了省级文物保护单位杨品相宅，便萌生了将其改建为酒店的想法，并计划命名为"喜林苑"。将文物保护单位交给一个外国人修缮，在当地没有先例，林登花了整整两年的时间去说服当地政府。当政府工作人员得知这个外国人为了这个老院子卖掉了自己在美国的房子，又看到他的两个孩子竟然就睡在客栈地板上的垫子上时，他们被林登这些看似天真却又执着的想法打动了。2006年，林登终于正式接手了这个老宅，站在院子齐腰深的荒草丛中，他带着当地的木匠师傅们开始了修缮工作。

杨品相宅，即喜洲商帮"八中家"之一的杨品相的家宅。

1947年，47岁的杨品相在喜洲修建了自己的宅院。整个庄园占地1800平方米，包括两个院落和一个马厩。由于杨品相曾在上海生活过，

乡创英雄榜·林登 | RURAL INNOVATION HEROE - Lin Deng

他将石库门风格融入到了第一个门楼的设计中。穿过这扇门，人们可以看到精彩绝伦的飞檐斗拱，这是白族典型的三滴水门楼制式。每当下雨，雨滴会逐次落至第一、第二飞檐，最后落至地面，寓意财源滚滚。门楼上方，有精美的壁画，这些彩绘雕花是用猪血、母乳和金粉调配的颜料绘制而成。即使经历了七十余年的风雨，仍未褪色。宅院的屋顶则被粉刷成天蓝色，上面还镶嵌着金色的木雕贴片……

林登用了 18 个月的时间来修复这所老宅，以恢复它的昔日光彩。由于涉及文物保护，每一次的挖掘、每一个洞口的凿开，林登都需要提交审批申请。他以极大的耐心和诚意完成了这项修复工作。修复老宅仅仅是林登实现理想的第一步。之后，他将这个地方作为国际文化交流的平台，邀请来自世界各地的教育机构和学生到这里来学习和交流。美国西德维尔高中、上海美国学校、普林斯顿大学、耶鲁大学、印第安纳大学凯利商学院的学生等，都以喜林苑为载体，将喜洲当做他们的课堂。他们采访当地的老人，记录口述历史，拍摄纪录片，纪录喜洲的自然生态。有位意大利的小伙子，在喜林苑里担任了一个月的马车夫，离开时满是依依不舍。来自世界各地的艺术家也被邀请到喜林苑进行在地创作，他们在这里绘画、制作装置，与当地的民间艺人同台演出。

在与来自世界各地的客人的互动中，当地人开始重新发现并审视自己的生活：古董店的老板向喜林苑的客人如数家珍地介绍自己收藏的物品，回族阿嬢发现老外们特别喜欢吃她做的清真菜，在家门口刺绣的奶奶也被围观拍摄，不时有人给她竖起大拇指——喜洲村民从客人的认可与赞美中获得自信，林登文化保护的理念在这样的过程中春风化雨般得以实现。

一个基于夯土的建筑实验

石龙水库，水村和山郭倒影在如镜水面中。石龙喜林苑项目就在水库边的两座山坳之间，与对岸的石龙村一水相隔，两两相望。十座由夯土墙围合而成的别墅错落依偎在山坳一侧，再通过一座木桥连接起对面山坳上由木头、石头和玻璃为主要材料建造的酒店公共空间。耕作归来的农人扛着犁耙、赶着老牛从桥下穿过，向对岸的村庄行去。一汪碧水之间，一端是生活积淀下的古老村庄，另一端是经过设计的现代建筑。它们像是两个不同时间维度的存在，一端面向过去，一端面向未来。而面向未来的部分又仿佛是从对岸的时间深处走来。桥上和桥下是两个空间维度，桥上与桥下的人互为风景。

石龙村喜林苑项目的概念设计者,是毕业于加州大学伯克利分校的吴梦茜,她是喜林苑合伙人牟玉江的妻子。以往喜林苑的项目都是修复老房子,让老房子变成酒店,变成文化交流的载体和空间。石龙喜林苑不同以往,新建项目如何秉承一贯的文化保护理念?他们试图通过探索传统建筑材料与新技术的结合,来实现对材料空间的可能性的探索。他们认为,文化保护的目标应该超越对旧建筑的改造,可以通过不同的方式实现。于是,他们选择了夯土这种传统的建筑方式。近年来,夯土因为其环保和生态的特性,以及它散发出的自然原始的肌理美,而被很多建筑师所采用。然而,夯土中的水、沙、石的配比需要通过不断的实验才能找到能够产生最好的力学特性的配方,与传统的夯土相比,现代夯土的保温、隔热、抗压强度和抗震性能都有了大幅度的提高,因此它对技术的要求更为严格,需要因地制宜,在实践中不断进行探索。这给施工带来了极大的挑战,仅是为了找到最优的夯土配比,他们就花费了6个月的时间。

其实,不管是盖新房还是修复老房子,一旦把文化保护的理念作为核心,要考量的问题就会复杂很多。

石龙村喜林苑三年的建设过程,对当地施工队的工人来说,是对夯土工艺的再认识和再学习的过程。他们惊讶地发现,原来古老的夯土可以如此精致美观,可以脱胎换骨般在现代建筑中散发魅力。三年工期结束后,他们带着满满的自信和喜悦开始在民间推广这种曾被他们放弃的夯土造房方式。石龙喜林苑还计划建立一个夯土工作坊,让来到这里的客人可以了解人类最古老的一种建筑方法。这项古老的技艺被赋予新的价值和意义。

整个村落都成为喜林苑的一部分

对于石龙村喜林苑今后的经营模式,林登考虑得很清楚:要和当地村民实现共赢。未来,600个村民将会占有石龙喜林苑20%的股份,在这个模式下,整个石龙村都将成为喜林苑的一部分。来到喜林苑的客人可以走出酒店,到

乡创英雄榜·林登 | RURAL INNOVATION HEROE - Lin Deng

张家喝一杯咖啡，到李家品尝当地菜，或是去村里的戏台听一场白族调。喜林苑会提供必要的培训或小额融资，引领和支持村民们一起发展，共同成长。石龙村喜林苑就是整个石龙村的前台，来到这里的客人会辐射到整个村落，让村民受益。

在村中央的广场周围，林登和当地政府合作，活化利用了公共空间。他用多年的收藏品建起了大理本主博物馆，同时还设立了戏台公共图书馆和白族歌舞传习所。通过这些公共空间，搭建起喜林苑与村民交流互助的桥梁，喜林苑的客人可以到这些空间做义工，教当地的孩子学英语，阅读绘本故事。林登还联系了一些高校，不定期开展线上线下的培训。同时，客人们也通过与村民的深入交流和互动，对当地的文化有了更深入的了解和体验。

林登现在成了石龙村的大忙人，村民想开客栈、想卖咖啡，都会来找他帮忙出主意。对这些事他总是乐此不疲。

对林登而言，乡村振兴不仅是经济产业的振兴，也是精神和灵魂的振兴。政府多年的乡村扶贫工作，为乡村的发展提供了强大的硬件支持和良好的生活条件，而乡村的振兴还需要赋予村民更多的幸福感和价值感。幸福不一定来自于钱，在石龙村做项目的过程，林登发现村民非常希望在家乡就业，不必外出打工，这样他们就可以在工作的同时照顾家中的老人和孩子。因此，他希望石龙村的发展速度可以慢一些，找到一条可以让村民一起探索和成长的道路。

石龙村喜林苑项目采用与政府合作的方式，政府投资建设，喜林苑负责运营。这样的模式减轻了林登的经济压力，使他能够按照自己的步调和方式进行经营。这些年来他一直拒绝资本的介入，不想被外部力量裹挟，也拒绝了一些在他看来能快速挣钱但并不符合自己理念的项目。他希望能够用慢的方式和当地的人们一起塑造一种新的可持续发展模式，让村民拥有参与感和自豪感。

林登说自己是一个理想主义者，而当下的中国需要一些理想主义者，因为经历了近30年的快速发展，让人们变得功利化，现在是慢下来的时候了。

不是酒店，是 Linden center

在喜洲，杨品相宅的成功经营让政府看到了一种新模式，即文化保护和市场经济的有效结合。因此，他们又陆续将宝成府和杨卓然院

交给林登去经营。如果仅仅用"酒店"两个字概括喜林苑是不完整的，林登更希望人们能看到喜林苑的文化属性。

林登喜欢收集老古董，在修复宝城府的过程中，他将多年来收集的一屋子老照片、老字画和老物件都搬了过去。在他看来，这些物品是过去时代的碎片，通过它们，人们可以依稀追溯到那个时代的生活方式和状态。同时，"喜林苑"的图书馆藏有超过2500本书籍，其中很多是来自美国、欧洲的客人从行李中带来，也有很多关于中国历史、文化和考古的书籍。这些都是"喜林苑"的灵魂。林登希望，喜林苑不仅仅是一个提供床位的酒店，它应该成为许多人内心失落的精神家园。

中国新兴旅游市场正在迅速庞大，然而近年来常见的旅游场景是：人们千里迢迢坐着飞机到了一个地方，下了飞机后却是忙着到热门景点打卡拍照，或者到所谓的古镇上购买千篇一律的旅游纪念商品。来到大理的客人，大多喜欢到洱海边拍拍风景，或者酒吧街上喝酒，

乡创英雄榜·林登 | RURAL INNOVATION HEROE - Lin Deng

住进那些有着大落地窗的海景房里。市场也在迎合大批这样的消费群体，同质化的产品、同质化的装修，亦或是靠钱堆砌出奢华的硬件设施，都是对此的体现。行路匆匆的游客只是想要出门享受几天舒适的生活，并不特别对当地有更深入的了解和兴趣。地域特色的丧失、精神家园的破坏，以及乡村的凋敝，是林登在近年来中国的发展过程中所看到的问题。他希望喜林苑能够实现一种有约束的发展，这种发展需要建立在经济增长和文化保护之间的平衡基础之上。

喜洲喜林苑推出了两个体验项目，一个是早上带客人逛早市和菜场，在热气腾腾的早点摊和鲜香活辣的菜场摊贩之间流连，以最接地气的方式去了解当地人的日常生活。另一个是下午参观喜洲的老宅子，喜洲汇聚了大理最具代表性的100多幢白族民居院落，在那些斑驳的老宅和幽深的小巷中穿行，去体味这个小镇曾经优雅体面的生活方式。林登还常常带客人去苍山采茶做茶、徒步花甸坝，去石宝山看石窟、去村民家里做客。这些活动的设计都是为了让游客有机会得到最真实深刻的体验，从而更加深入地了解和欣赏当地的文化和生活方式。

在石龙喜林苑，林登及其团队已开始探索体验项目和徒步路线。这些路线不仅仅局限于石龙村，它们跨越了高山，穿越了彝族村和傈

傈僳族村的村落，可以一路徒步至沙溪、马坪关甚至穿越到怒江大峡谷。这样的旅程设计，旨在让客人有机会深入了解和体验各种不同的少数民族文化。此外，林登还投入时间培训村民成为导游，教导那些从未走出大山的傈僳族村民如何为客人做饭，如何讲述他们的故事，以及如何带领客人体验制作当地传统火腿的过程。他甚至开始设想建立一个流动的图书馆，让书籍可以通过马帮在偏远的山村间流动起来。他还鼓励客人参与设计和实施一些文化项目，让他们从旁观者和体验者转变成参与者，而不仅仅是一个到此一游的匆匆过客。

林登坚信，文化是最具持久魅力的元素。

在他眼中，为客人提供的体验远比提供的物质设施，比如哪个牌子的卫浴，或者哪种类型的硬件设施，更为重要。

Linden center，更多是一个教育文化的交流中心，一个让更多人实现梦想的平台。在这里，可以让更多的中国年轻人帮助世界了解中国，也为人与人、文化与文化之间的碰撞和交流提供空间。在这里，最重要的并非只是一个可以休息的床位，而是能带给人们精神与灵魂的归属感。林登说，他爱中国，也爱美国，这并不矛盾，他自视为世界公民。中国已经成为他真正意义上的家，让世界更了解中国，成为了他最重要的使命。

（文／曾曾）

乡创英雄榜·孙倩 | RURAL INNOVATION HEROE - Sun Qian

孙 倩

大地艺术节在中国：
授权是一个开始，本土化是一项使命

SUN QIAN, LAND ART FESTIVAL IN CHINA:
AUTHORIZATION IS A START, LOCALIZATION IS A MISSION

为什么是她得到了北川富朗的授权？

乡创英雄·**孙 倩**
RURAL INNOVATION HEROE - SUN QIAN

瀚和文化创始人／"大地艺术节中国项目"的发起人

乡创英雄榜·孙倩 | RURAL INNOVATION HEROE - Sun Qian

2023年5月，孙倩在朋友圈转发了瀚和文化的一条官方声明：

鉴于当前不断有业界同仁、合作伙伴和媒体的朋友询问，近来国内多地举办的"某某大地艺术节"是否为我团队所为，更由此产生了一定的误读误解，现阐明如下：截止目前，由瀚和文化团队策划策展并主持运营的"大地艺术节中国项目"，只有景德镇市浮梁县"艺术在浮梁—村落计划"和佛山市南海区"艺术在樵山—广东南海大地艺术节"。

孙倩，瀚和文化的创始人，同时也是"大地艺术节中国项目"的发起人。从2015年起，她开始了与日本越后妻有大地艺术节创始人北川富朗的合作，并取得了在中国遵循"大地艺术节"宗旨与模式开展地域型艺术项目的授权。随后，在2018年11月的首届中国国际进口博览会上，她将该项目以正式签约的方式引入中国。

2023年5月，乡创中国发起人封新城与孙倩一同参观了她的最新项目：广东南海大地艺术节。曾经多次赴越后妻有和濑户内海考察，并与北川富朗有过深入交流的封新城，在那一天的朋友圈里写到：昨天黄昏时分，参观了"南海大地艺术节"一件奇特的作品，也是我所见迄今最魔幻现实又意味深长的大地艺术作品：凰岗村。这是一个数百年的古村，上世纪八九十年代因开发而举村迁出。三四十年过去，周边散落着烂尾楼，而村子则落败于神秘的古"人面树"林中。去年，中外艺术家进入创作，其中发泡材质的动物雕塑群占领般闯入，仅半年时间便在潮热湿中由白色演化为绣红，场景像极了《当人类消失后》的拍摄现场。这一作品的妙处在于它由大自然、原住民、政府、开发商、艺术家及参观者共同完成，它的魔幻感、现实感、艺术性、批判性交错共鸣，达成了前所未有的超级体验。仅此一件作品，"南海大地艺术节"就立住了。

这件事实际上让人感到有些意外：越后妻有大地艺术节在中国早已享有盛名，许多人也还记得疫情之前中国游客涌入的那一届濑户内国际艺术节（注：濑户内国际艺术节也是由北川富朗策展并担任综合总监的地域型艺术节之一）的热闹场面。北川富朗和大地艺术节在中国已经成为一个热门 IP，希望引进和复制的机构和投资者不计其数。然而，为什么是孙倩成功地实现了这一目标？为什么是她得到了北川富朗的授权？

今年春天，在北京三里屯的一个共享办公室里，刚刚从东京回来的孙倩向封新城谈起了大地艺术节扎根中国背后的故事。

从越后妻有开始的"反向输入"

大地艺术节进入中国的过程，准确来说可以描述为是一个"反向输入"的过程。这件事的开端，始于孙倩深度参与越后妻有大地艺术节，并将中国的艺术家和作品推荐引入其中，同时用了三四年的时间深入研究学习艺术节的工作方法。之后，大地艺术节这一模式才被引入到中国。这种"反向输入"的成立充满了种种巧合，但它恰恰也是大地艺术能够在中国落地的最必要条件。

2015 年，越后妻有大地艺术节已经举办到第六届，孙倩第一次前往观展。在那之前，她在北京画廊协会担任执行副秘书长的职务，更早之前，她一直在为画廊和艺术馆工作，二十几年来始终扎根于艺术行业，积累了丰富的经验和资源。然而，当她在越后妻有参观这个来自全世界各地艺术家共同打造的艺术节时，却发现其中缺乏来自中国大陆艺术家的身影，于是萌生了将他们带到越后妻有的想法。

孙倩立即向大地艺术节的创立人北川富朗提出了这个想法。由于孙倩年轻时曾在日本工作过十年，并一直从事中日文化交流工作，所以语言的隔阂和工作方式的差异并未成为障碍。

乡创英雄榜·孙倩 | RURAL INNOVATION HEROE - Sun Qian

北川富朗很快理解了孙倩的想法。2016年3月，他向孙倩推荐了一个在越后妻有乡村深处的与大自然和谐共处的老房子。孙倩对这个选址非常满意，并将其命名为"CHINAHOUSE华园"。同年8月，作为中国艺术基地的"华园"宣布正式启动，从当地的老百姓到町长市长，再到中国驻新潟县总领馆的总领事，许多人出席了这个盛大的开幕式。这也标志着孙倩将中国艺术家引入越后妻有大地艺术节的想法正式实现。

七年后，孙倩在我们面前展开一本小小的册子，封面上赫然写着"《华园通信——七月节专题》"。册子里记录着：2016年8月8日，立秋，中国艺术家在越后妻有举办了首个中国综合艺术活动"华园七月节"，艺术展在8月6日至21日间在当地一间废弃小学的教室里举行。从那一年开始，中日两国的民间艺术交流开启了一个新的篇章，以华园为中国艺术基地，中国的艺术家开始接连参与此后越后妻有的每一届大地艺术节。

"那时候我并没有想过要在中国做大地艺术节，我只是觉得在越后妻有设立一个中国艺术基地是个不错的事情。"孙倩回忆道："我想，身为一名中国人，我们与日本人合作必须做到言出必行，不能让人家小看了我们。"得益于华园带来的良好合作基础，孙倩后来与北川富朗的合作都是顺其自然的。当年10月，北川富朗的另一个重要艺术项目——濑户内海国际艺术节举办了一场论坛，孙倩作为中国事务局的代表参加了活动，并首次为这个艺术节带去了两位中国嘉宾：古村落研究专家罗杨和著名建筑师马岩松。可以说，许多日本人是在这次论坛上首次了解到了中国的乡村状况，其中包括濑户内国际艺术节的出品人、福武财团理事长福武总一郎。他在听完罗杨的演讲后，兴奋地表示："中国真是一个好地方，我们也想去！"自此以后，徐冰、马岩松、邬建安和朱哲琴等数十位中国代表性艺术家，在孙倩的推荐下，也都出现在日本各地的艺术节上。

几年后，当孙倩开始筹划在中国开展大地艺术节的项目时，总也避不开一个追问："你是如何获得北川富朗的授权的？"对此，孙倩坦言，她从未主动去争取过。而如果不是因为前期这些大量工作的积累，这件事也绝不可能发生。从 2015 年到 2019 年的这段时间，被她视为最重要的四年，在这四年中，她和她的团队在越后妻有完成了漫长的实践和学习，不同于其他人只是远远地观望和分析，而是真正投身于大地艺术节的运作之中。

随着中国艺术家在越后妻有和濑户内不断亮相，中国国内也开始有一些地方政府注意到了孙倩，并主动向她提出邀请：能不能到我们这儿来做大地艺术节？这才让孙倩开始思考是否需要取得一个正式的身份。事情很顺利："我向北川老师提出了这个请求，他毫不犹豫就答应了我，没有提出任何特别的条件。我相信这是他对我的信任，认为我做事靠谱，另外，他也非常喜欢中国，认为中国是一个很好的选择……总之，他把授权给我了，而且是唯一的。"

在北川富朗的支持下，孙倩正式发起了"大地艺术节中国项目"。第一个计划实施地选择在了杭州市下辖的桐庐县。从 2017 年底开始，孙倩多次前往桐庐进行实地考察，到了 2018 年在上海举办的首届中国国际进口博览会上，孙倩代表的瀚和文化作为日本大地艺术节官方授权的中国合作方，与北川富朗和桐庐县政府签署了一份为期 17 年的三方战略合作协议。这件事当晚就登上了央视新闻 1+1 栏目。按照计划，艺术节将在两年后的 2020 年秋季开幕，并以三年一次的频率连续举办五届。

从 2017 年至 2021 年，整整四年时间，孙倩和她的团队扎根于桐庐，进行了大量的调研和前期筹备工作。遗憾的是，由于受到疫情影响，这个项目最终未能实现。然而，他们的努力却让桐庐收获了一个极为重要的荣誉：在美国《国家地理》杂志 2021 年公布的"全球 25 个最佳旅行目的地"中，桐庐因为即将要举办大地艺术节这一具有国际影响力的盛事，而成为了当年中国唯一入选的地标。

乡创英雄榜·孙倩 | RURAL INNOVATION HEROE - Sun Qian

从浮梁到南海

2021年，大地艺术节首个中国项目终于正式落地，地点位于景德镇浮梁县臧湾乡寒溪村。来自五个国家的22位艺术家在此地打造了"艺术在浮梁"。与此同时，"华园"也从日本回归本土：作为秋季展的新增环节，几位曾参与过越后妻有大地艺术节的年轻艺术家们，将视野重新聚焦本土，倾力打造他们的"华园驻留计划·浮梁"。

这是真正意义上的地域型艺术节在中国的首次登场，引发了一系列的问题：如何跟当地人打交道；如何处理空间、建筑、土地和当地的关系；如何尊重当地的文化传统习俗，同时又为本地人带去更多的机会和便利……孙倩说，过去在越后妻有华园的经验派上了用场："北川富朗曾经开设过一个'富朗塾'，我和我们团队连续几个月从北京打飞滴过去上课，系统地学习到了很多知识。在项目选址和策划阶段，我们走遍了浮梁县几乎一多半的乡镇，考察了几十个村落。同时，在桐庐四年的探索经验也在此次项目中得到了应用——中国的乡村跟日本不一样，很多事物在中国完全是另外一套逻辑，需要我们去应对、去创新。"

"艺术在浮梁"的成功举办，让中国更多县域看到了地域型艺术项目的可能性。在此背景下，孙倩应邀前往广东南海进行考察，并经过一年多的精心筹备，2022年11月18日，"艺术在樵山——广东南海大地艺术节"在佛山市南海区西樵镇正式开幕。来自中国、俄罗斯、法国、以色列、日本、西班牙、美国、澳大利亚、印度等15个国家和地区的134组艺术家纷纷齐聚南海，开展了丰富多样的在地性创作。这次艺术节的影响力和效果超乎预期。据官方数据显示，仅在2022年11月18日至2023年2月19日的短短三个月展期内，艺术节就吸引了114万人次的客流，带动了超过5亿元的旅游收入。

"在三个月的展期中，除了展出艺术作品和项目，我们还在每个周末安排了艺术节活动，包括音乐、舞蹈、剧场演出、文化讲谈、展集以及美食节……我们需要方方面面地考虑，如交通、餐饮、住宿、甚至卫生间以及如何规划区域间的动线，如何将观展与消费有机地结合起来，所有的这些，都是我们在策展同时就要考虑到的"，孙倩说。当时参观人数超出了她的预期，尤其是在2023年元旦至春节期间，客流量暴增，一度超过了接待能力。然而，孙倩也认为，艺术节的潜力远未发挥到极致。根据后期团队的客流分析，参观者中有70%来自广东省内，省外客流仅占30%——应该吸引更多省外甚至是国外的客人，这是艺术节未来的方向。

孙倩和她的团队与南海区政府签订了一份为期十年的合约，计划每两年举办一次艺术节，目标是用十年的时间来打造一个覆盖整个南海区、持续发展的大地艺术节。在她看来，这是一个合适的时间："因为要做这件事，就要扎到里面，要去了解，还要跟村子里的人们建立感情，这些都需要时间。"这也是一个合适的

乡创英雄榜·孙倩 | RURAL INNOVATION HEROE - Sun Qian

地方："南海是一个值得的地方，关键是这里的人，他们既拥有深厚的文化传承，同时还具有开放、包容、务实的商业意识。未来的方方面面将是一个大家共建的工程，如果只靠我们，这个事情是做不下去的。"

孙倩的经验告诉她：一个艺术节轰轰烈烈举办三个月，这只是一个开始，接下来，日常运营才是更大的课题。艺术在浮梁已经成功运营到了第三个年头，积累了不少经验，如今孙倩有一个团队长期驻扎在村子里，甚至吸纳了村子里的一些年轻人。南海刚刚成功举办了艺术节，正在探索日常运营的模式，尚且在路上，要经历"筹备—举办—日常运营—再筹备—再举办"的两年过程，才算是进行了一个完整周期。

"当下中国的活力远远超过日本，我们不比越后妻有差，我们缺的只是时间。"孙倩对未来充满信心："越后妻有积累了那么多年，在过去20年里，它聚集了全球最好的艺术家和艺术项目，我在思考未来20年，是不是可以由我们来做同样的事？这可能是我的一个理想目标，现在最重要是踏踏实实地把眼下这一个一个的事情做好。"

未来的大地艺术节将在中国这片土地上发展出怎样的可能性，将是孙倩的下一份答卷。

（文／库索）

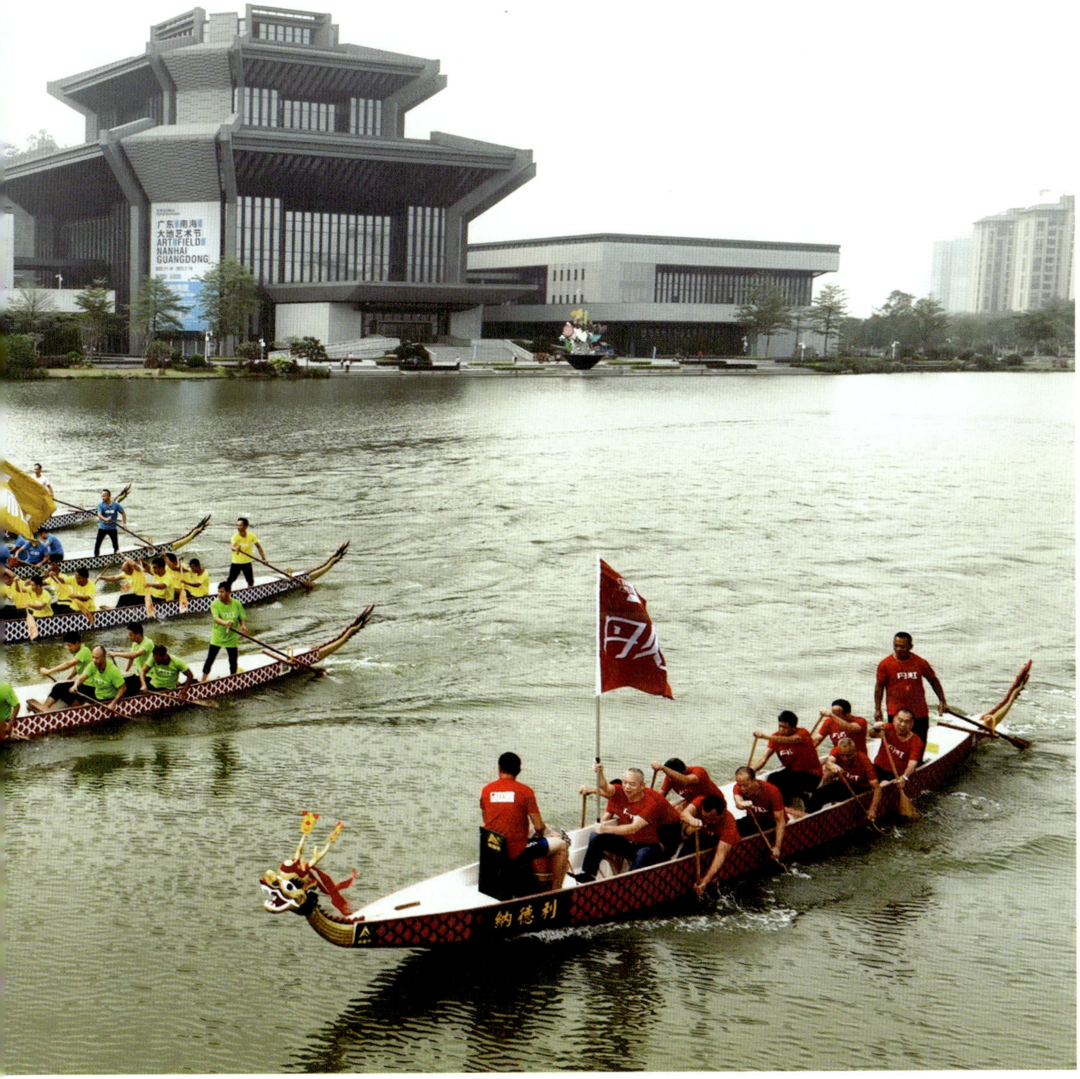
广东南海
大地艺术节
ART FIELD
NANHAI
GUANGDONG
纳德利

乡创英雄榜·沈建平 | RURAL INNOVATION HEROE - Shen Jianping

沈建平
养猪，也可以养出一个旅游景区

SHEN JIANPING: RAISING PIGS CAN ALSO CULTIVATE A TOURIST ATTRACTION

华腾猪舍里景区的成功运营，完全颠覆了人们对养猪场"脏、臭、不环保、没有前途"的旧有印象。

乡创英雄·沈建平

RURAL INNOVATION HEROE - SHEN JIANPING

华腾里集团董事长

乡创英雄榜·沈建平 | RURAL INNOVATION HEROE - Shen Jianping

养猪，是一种我们都不陌生的传统农业实践。然而，如果把养猪与种植蔬菜、农产品加工和旅游体验相结合，打造出一个全新的"农旅融合"的模式，并进一步推动乡村的振兴，并对周边地区产生积极的影响，那就需要跨界思维模式和开创性的执行手段。

从 2017 年起，位于浙江嘉兴的一个养猪农场，经过精心打造，逐渐演变成了以生猪养殖为核心的华腾猪舍里景区。这个景区不仅以生猪养殖为基础，还整合了生产、加工、观光、休闲、旅游和文化等多元化功能，形成了一个井然有序且富有吸引力的生态农业庄园。

打造这个独特的庄园是一个跨界团队的努力成果，他们由本地农民、企业家、国际顶级专家和建筑师组成，用了 7 年的时间，一方面将原本的养猪场成功转变为一处充满魅力的旅游景点，另一方面他们也不遗余力地寻找和拓宽了居民增收的途径，探索并尝试了稳定和扩大中等收入群体的新机制，寻求多种共同富裕的可能。

华腾猪舍里景区的成功运营，完全颠覆了人们对养猪场"脏、臭、不环保、没有前途"的旧有印象。他们以实际行动向每一位参观的客人证明：养猪，也可以养得赏心悦目风生水起；而猪舍，也可以是一个好吃又好玩的存在。

只要努力，猪也能飞上天

华腾猪舍里景区座落于浙江桐乡洲泉镇湘溪村，独特的红顶建筑展馆在广阔的农田中间显得尤为醒目。驻足在猪舌大门前，抬头就可以看到一只长着翅膀的猪正在努力向天空跃起，仿佛随时准备飞翔。这只"会飞的猪"是华腾猪舍里的标志，也是创始人沈建平对人生哲学的深刻寓言：只要努力，猪也能飞上天。

沈建平给人的第一印象，是一个不善言谈的人。这令他能全身心投入猪舍里，用他自己的话来说，他最大的爱好就是工作。每天清晨 5 点，他就会起床，然后在公司员工食堂吃完早餐，

之后将大量时间投入到养猪场的实地工作中，处理各项工作的进展和细节。

沈建平与养殖业结缘已有30多年，他从最初的肉鸡养殖起价，逐步转型至饲料加工和饲料原料贸易领域。在经过十多年的持续努力和积累后，沈建平成功创建的华腾牧业已成为省内颇具影响力的饲料生产企业和农业龙头企业。

然而，在与众多养殖户的交流过程中，他发现一个令人担忧的现象：部分养殖户习惯使用一些含有抗生素的饲料。虽然这样的饲料可以使猪更快速地长大，提高其免疫力，但是，在强调食品安全的社会背景下，这样的猪肉显然是不合格的。

"能不能让家人和亲戚朋友吃上更少污染的猪肉？"这个简单的想法，让沈建平决定投资3000万建造养猪场。在建造过程中，他前往欧洲考察了养猪业务，这次海外之旅成为了他决定将养猪作为终身事业的转折点。

"那次的欧洲之行让我触动很深。第一是看到了在养猪业中存在的显著差距。在我们的传统印象中，养猪往往被视为一项脏乱的工作，然而在欧洲，并没有所谓的'猪圈'概念，大多是机械化进行，猪的粪便和尿液都得到了有效的回收和利用。第二是发现了食品质量和安全性上的差距。中国有句老话叫'民以食为天'，而我们却遭遇着各种各样的食品安全问题。因此，我决定要以欧洲的高标准来养猪，我希望所有从华腾出产的猪肉都能成为高质量的安心食品。"

乡创英雄榜·沈建平 | RURAL INNOVATION HEROE - Shen Jianping

秉持着这样的理念，即使在养猪伊始还未盈利时，沈建平也毫不犹豫地投入了一千万资金，聘请了具有丰富养猪经验的专家、比利时饲料协会的主席马克·胡恩到自己的公司担任技术顾问，期限为五年。他请马克帮助引进欧洲的先进养殖技术，改进公司的养殖业务，并负责"新型无抗饲料"的研发和"新型生态养殖场"的建设。之后，沈建平又不惜成本邀请国内的农业大学专家共同研发生态养猪和数字化养殖的全自动系统，他还从日本请来农场专家、切割专家和食品管理专家，以确保猪肉生产的每一个环节都能得到有效的控制和管理。

在华腾的"未来猪场"，恒温环境、音乐享受、空气过滤、饮用水过滤、冬季地热保暖……一头猪日常生活的待遇堪比高端写字楼的配置。从出生那一刻起，它们就会戴上数字耳标，从出生到最后成为餐桌上的美食，整个生命周期都与大数据和先进的管理体系紧密相连。同时，牧场也遵循"无害化、减量化、资源化"的原则，进行生猪排泄物高值化利用相关技术的集成创新和有机

整合，成功生产出了新型的生物炭有机肥和高效液体肥，不仅解决了排泄物处理难的问题，同时对当地的土壤改善也产生了极大的效益。

十年磨一剑，沈建平一步一脚印地养成了"无抗生素、无重金属、无激素、无镇静剂"的华腾"桐乡猪"。

"走这条路，没有捷径"，沈建平坦言，"我在一开始投身养猪业的时候，就做好了做长期主义的准备。做农业是辛苦的，而且很难在短期内看到回报。我是农民出身，吃过苦，深知任何事业的成功都不容易，在成功的同时还对得起自己的良心更不容易。"

做一个比 MOKUMOKU 农场更加漂亮的猪舍里

尽管成功养出了无抗猪，但初期卖得并不好。大多数消费者并不清楚猪肉成本的差价究竟在哪里，也无法理解沈建平养出的猪肉比市场价贵的道理。刚开始的时候，他把猪肉送给敬老院，对方也不愿接受。"酒香也怕巷子深"，沈建平意识到他需要解决销售问题。

根据国家的规定，养猪场是防疫区，所需的土地面积远超生产建筑面积。在华腾牧场，只有大约 10% 的土地用于养猪，而剩下的 90% 则处于闲置状态。这些闲置的空间如何能够被有效利用？如何让它们在创造更大价值的同时，也助推猪肉品牌的建设和推广？这些问题促使沈建平决定到日本这个高端农业先行的国家去寻找解决方案。

他与公司聘请的猪肉分割专家以及建筑师李以靠，一道走访了多个日本有特色的农场和腌

乡创英雄榜·沈建平 | RURAL INNOVATION HEROE - Shen Jianping

菜馆，深入研究了他们如何从销售模式、空间利用、产品展示等各方面向顾客展示高品质的产品。沈建平注意到，日本大部分农场采取直销的形式，猪肉产品很少出现在超市的货架上。与中国养殖户将产品低价卖给批发贩子、再进入零售市场的模式不同，日本农场的模式从养殖到销售，覆盖了整个农业产业链，避免了在各个环节中的损耗，将成本全部转化为产品的质量，这种以产品为核心创造市场的路径，值得借鉴。

最让沈建平大开眼界的是位于三重县的伊贺市的MOKUMOKU农场。"这个农场建造得像一个艺术中心，他们精心地划分了各种体验区域，将农场生意做成了旅游，通过口口相传的方式，通过让游客参与到制作纯手工猪肉灌肠的过程，把好的产品用自然的方式、匹配的价格卖出去。被这种模式深深吸引的沈建平，当即对建筑师李以靠提出：在华腾做一个比MOKUMOKU农场更加漂亮的猪舍里吧！

此后，华腾猪舍里全权委托李以靠的"以靠建筑"自由发挥创意。后者运用了适合乡村环境施工的材料，如红砖、混凝土、水洗石、自然光和水进行设计，首先是对猪圈进行了立面改造，又花费了100多万资金用于建造展厅、将近100万资金建造了红雪松图书馆，以及200多万资金建造了3D打印展览馆。

尽管改造成本并不高，但在农村突然长出

来这么一块特立独行的艺术作品，一下子就吸引了大量的游客前来打卡。在没有进行广告宣传的前提下，华腾猪舍实行了会员制度进行流量吸引。他们邀请了70多家直营店的会员免费参观、体验和品尝产品。对于非会员，也可以以门票兑换产品。

"我是看不懂李以靠的设计的，敞门旧窗有什么好的？"沈建平笑称，但他懂得尊重专业人士，完全没有干涉建筑师的创意，结果证明他的态度是对的："看到这个地方这么受欢迎，我还是挺受震动的，最高峰的时候，自驾车的车流连续好多天把所有的路都堵住了。"

华腾猪舍巨大的"飞猪馆"是一个展示华腾"桐香猪"全过程的展示厅，其中涵盖了从原料、饲料、养殖、屠宰、深加工到销售及售后的全过程，妙趣横生。此外，他们还在约30亩的土地上设立了采摘和农事认领体验区，种植了各类有机水果蔬菜，并设立了小型猪只认养区，游客可以在这里认领并饲养小猪。经过数年的建设和投入，华腾猪舍已经包含了一系列项目，包括烤肉馆、帐篷露营地、小猪赛跑区、龙虾池、美食街、野火饭厅、图书馆、小猪互动区以及香肠体验馆等特色项目，体验型景观与游乐设施一应俱全。园区内还特意建设了木制结构的小屋和管道式别墅，供游客在周末及闲暇日在此休闲度假，开展亲子游、野炊活动，品尝各种有机蔬菜和水果。

如今，这个占地300亩、充满田间野趣的华腾猪舍里庄园，每天最高能接待3500人，而在普通的周末则接待约2000人。每年游客的接待量超过10万人次，仅旅游一项的收入就高达1300万元，并且已经成为国家AAA级景区。把生产转化为产业，将资源转化成生产力，沈建平摸索出了农旅结合的道路。这不仅在某种程度上重塑了他的自我理念，也为乡村田园经济的重塑开创了新的可能。

"会飞的猪"变成了"致富的猪"

在中国许多村子里，养殖猪、牛、羊等牲

畜是常见的现象。如何把普通的养殖生产变为一条大型的产业链呢？在研究华腾牧业2022年的企业责任报告时，我们发现这家新型农业经营主体在2022年成为了嘉兴市富民增收改革领域的试点示范单位，原因就在于它的"猪舍里"项目和"飞地认养促增收"项目为当地农户带来了可观的持续性收入增长。

项目开始之初，华腾牧业就从附近的村庄流转了超过300亩的农业用地，每年每亩地向农民支付1500元的租金。这是当地农民们获得的第一笔收益。它还吸纳了65名失地农民为其工作，每人的年均薪资达到5万元，这构成了农民的第二笔收益。

华腾牧业还研发并推广了粪污资源化高效利用的技术，这使得农民们可以在改良的土壤上为企业种植有机蔬菜，从而产生溢价。农民们可以从溢价部分中得到20%的分成，平均每亩每年的收入可以增加近千元，这就是农民的第三笔收益。

此外，华腾牧业进一步创新，打通农牧旅三个领域，鼓励当地农民将空闲民房改建为网红民宿打卡点，每年每幢房子的租金可以达到2万到3万元，这为农民提供了又一项收益来源。

自猪舍里项目实施以来，平均每户当地人家的年收入增加了10万元以上。这种模式可以不断被复制。目前，华腾牧业已经推出了7个类似的项目，这无疑是一个通过农业实现共同富裕的优质乡村建设模型。

华腾牧业还联合桐乡市农业农村局、洲泉镇政府，创建了桐乡市首个"飞地认养促增收"项目。这个项目精准帮扶金家浜、屈家浜和湘溪村三个村的低收入农户抱团饲养生猪，实现增收致富。"会飞的猪"变成了"致富的猪"，打造出一种精准帮扶增收攻坚的"桐乡样板"。

沈建平还积极与政府合作，帮助低收入的农户家庭。从2020年开始，华腾牧业联合当地政府代养低收入农户的无抗猪，猪苗由华腾牧业赠送，农户家庭仅需出资1000元作为饲料成本，而养殖、管理和销售则由华腾牧业全权统一负责。由于主打的是中高端市场，"飞地认养促增收"项目出产的猪每只能带来超过2000元的收益。

未来华腾牧业还会将特色产业作为帮扶增收的有效途径，根据地方和家庭的实际情况制定策略，积极探索"奔富大棚""产业抱团""土地入股"等帮扶新模式。

"我就是个农民，只是因为爱好而做一点小生意，坚持了30多年。我很乐意为自己的乡亲们带来一点'小小的'收益，毕竟我生长在这片土地。"沈建平如是说。

（文／张君会）

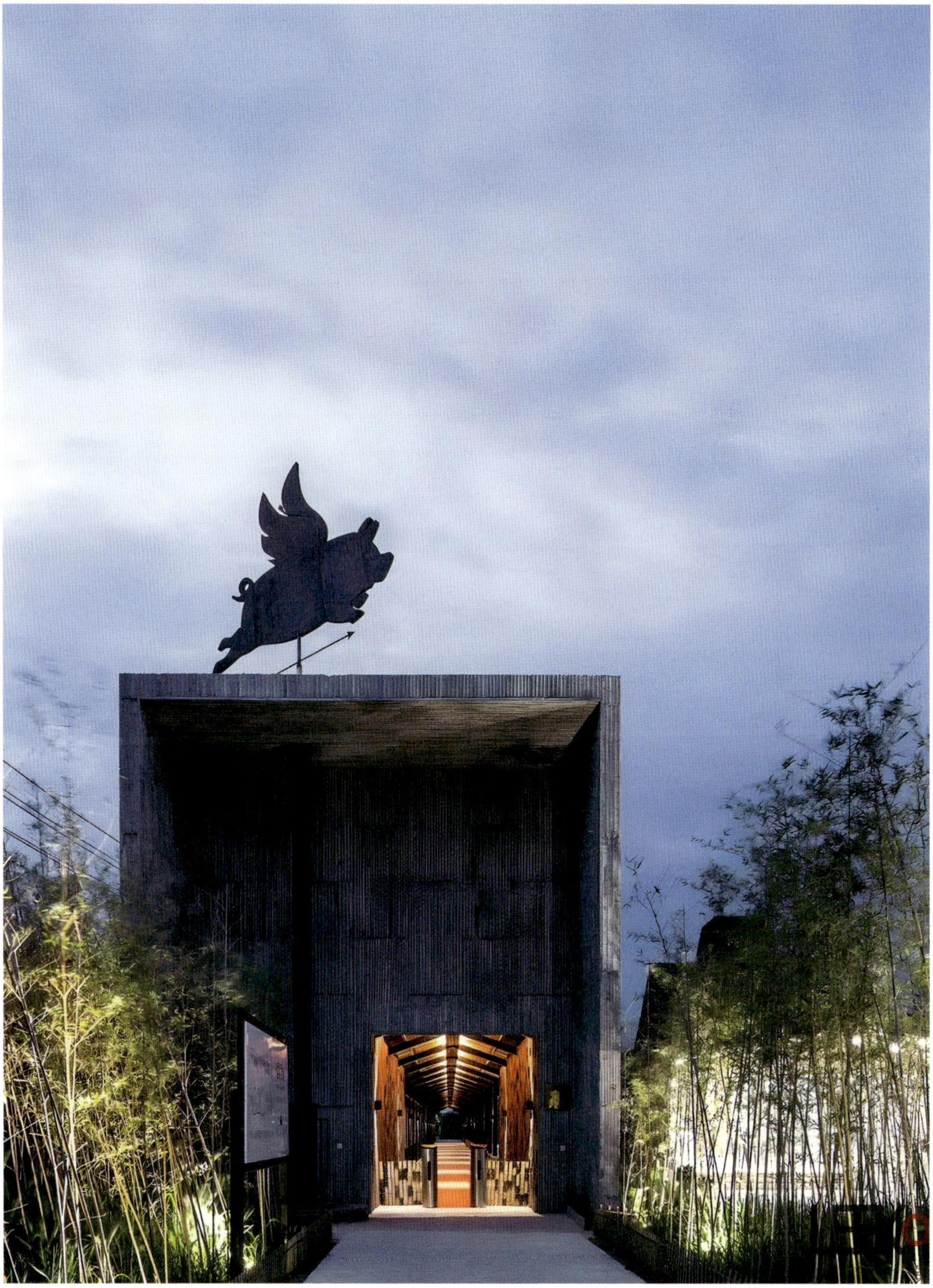

乡创英雄榜·陈长春 | RURAL INNOVATION HEROE - Chen Changchun

陈长春
在乡村重新构建生活体系

CHEN CHANGCHUN, RECONSTRUCTING THE LIVING SYSTEM IN THE COUNTRYSIDE

"隐居乡里"成功改造和运营了 300 多座闲置的农村老宅，创造了超过 3 亿元的总收入，为超过 20 万的城市居民提供了服务，并解决了当地 300 人的就业问题。

乡创英雄·**陈长春**

RURAL INNOVATION HEROE - CHEN CHANGCHUN

隐居乡里创始人

乡创英雄榜·陈长春 | RURAL INNOVATION HEROE - Chen Changchun

陈长春，自我定位是"乡村旅游策划师"，早从 2007 年起，就一直在摸索和勾勒着中国乡村文旅运营版图。

作为中国乡创界的一名老拳师，过去 16 年里，陈长春以"不问归途"的态度扎根乡村，终于打出了一套具有鲜明自我特色与乡村共生的组合拳。这套拳法以民宿为切入口，将民宿与当地自然、风物、文化结合起来，并依托互联网与在地化运营，从一间院落发展出多元及可持续的乡村振兴路子，并完成了乡村文旅全产业全地域升级发展。

目前，陈长春的"隐居乡里"已在全国范围内成功推出了 30 个乡村文旅项目，其中包括山楂小院、姥姥家、麻麻花的山坡和楼房沟等都已成为知名品牌。这些项目通过成功改造和运营 300 多座闲置的农村老宅，为超过 20 万的城市居民提供了服务。在过去的七年里，这些项目不仅满足了现代城市人对居住舒适度的需求，还解决了当地 300 人的就业问题，创造了超过 3 亿元的总收入。

从乡村来，到乡村去

投身乡村，与陈长春从小生长在乡村有着最直接的关系。

上世纪 60 年代，他的外婆自西南美院毕业后选择带着女儿到乡村做美术老师，为少年时

代的他创造了一种奇妙的成长氛围：既身处乡村，从事农业生产劳动，也大量读书画画，培养了抽离现实的能力。他为此一直觉得幸运："在我小时候，没有那种走出农村才有更好未来的想法，我就觉得农村生活很好，一直热爱农村，用发现美的眼光来看待农村里人和事物。"

少年时代培养起来的对乡村的美意识成为了陈长春创业的起点。从部队转业回城之后，他就频繁地前往中国乡村背包旅行，同时创立了"远方网"——一个致力于挖掘乡村原生旅游价值的平台。在中国的乡村旅游业还不成气候的时候，陈长春就开始主动与许多基层政府进行沟通，提供旅游规划建议。

在 2011 年，陈长春与北京周边县城农业局下属的农业推广站一同去顺义考察焦庄户地道战遗址时，途径距离北京仅半个小时车程的孙各庄的一片广阔麦田。"我被那绿油油一眼望不到边际的麦田深深震撼，在车上大喊'太美了！'"陈长春回忆道。他的旅游策划逻辑很少关注传统的旅游景点，相反，他更专注于发掘原生的乡村风光。针对这片绝美麦田，远方网开始与当地进行合作，启动了一系列的乡村旅游规划：在播种季节招募家庭来种植小麦，在小麦返青时组织婚纱摄影机构来拍摄麦田婚纱照，当小麦成熟时则组织麦田音乐节和收割节，甚至还组织亲子家庭来体验脱粒、磨面和

乡创英雄榜·陈长春 | RURAL INNOVATION HEROE - Chen Changchun

蒸馒头等手作工坊……当时，随着城市化和现代化进程的推进，城市人群对乡村生活环境和生活方式的需求变得强烈，体验式乡村旅游也因此成为了旅游休闲的主流市场。这个麦田计划一经推出，迅速在京城引起热烈反响，最多的时候，一天内涌入麦田的客人数量超过了两万人，甚至当时的北京市市长也对此表示了肯定和赞赏。

这样的案例在陈长春的乡村旅游规划版图中有很多。他始终相信，人们对自然、乡土的热爱是植入基因里的，打造自然、淳朴的田园生活体验才能符合这样的消费诉求。

因此，陈长春做的乡村旅游营销策划，大多数都是针对贫困落后的地区，因为那里有他想要的小众旅游目的地。虽然通过设计周全的目的地路线和利用互联网进行有效的客流规划，策划营销使这些地方的人群聚集效应显著，但同时也带来了一些问题："这些地方的接待能力不行，传统的'农家乐'式旅馆不适应消费升级需求，卫生情况、饮食等问题都成为城市中产阶层客群的顾虑。这些顾虑在我的旅游项目中很容易变成投诉。因此，我就想让我的旅游产品在吃住行方面得到升级。"

升级想法一出现，陈长春就亲自带队到农

村里，专门跟政府合作开了一个辅导课程，指导开旅馆的老百姓，要求他们做到像精品酒店一样，床单一客一换，启用高标准的洗护产品。但是情况并不理想，农村旅馆的经营者宁愿不赚这个钱也不想升级改造自家旅馆，觉得费工费事，甚至提出参加培训要拿误工费。这令陈长春特别受打击。

最后，陈长春做出了决定：缩减网站业务，只让几个核心骨干成员下乡。"乡村的吃住是旅游规划中的一个重要环节，所以我决定通过活化闲置农宅，深入到乡村的运营环节。我知道，未来的乡村不缺设计师、规划师和建设者，也不缺资金，但真正缺少的是有能力运营的人。"

第一站，山楂小院

从运营角度倒推规划设计，乡村振兴就不会出现空置资源——这是陈长春的隐居乡里项目第一站——山楂小院的实验性思维。

在2015年的夏天，北京延庆下虎叫村的村主任和村支书张有旺正在寻找可以引领村庄发展的妙招。经过一番寻找，他们找到了陈长春。

"之前在做策划的时候，我与许多落后地区的政府干部和专家进行了交流，他们让我认识到：在村子里做事情，必须与村支书良好配合。"陈长春接受了张有旺的合作邀请，因为他看出张有旺具有丰富的商业经验，广阔的视野和深厚的认知，而且在村民中有很高的威望，能够作为沟通的桥梁。因此，他决定在这里进行实验，将破旧的房子改造成精品民宿。

怎么让冬天不冷，夏天不热，卫生间洁净卫生，床品干净舒适，饭菜美味可口——这是陈长春改造民宿时首先考虑的问题，也是城市人到乡村去度假最关心的问题，从这五个基本问题出发，他对村里破旧的房子进行了设计改造。

满地散落的山楂和树下古朴的竹凳，这是取名为"山楂小院"的灵感来源。在设计和改造小院时，陈长春坚持保持原有的乡土元素：原来的几间土坯房是由木柱和木顶棚支撑的，院西墙的土坯房是养驴的圈栏。设计师在不破坏老房子原有结构和木质顶棚的基础上，修葺了养驴的圈栏，放置了玉米和小农具，为孩子们留下了乡村的趣味；在饮食上，他们保持了"乡野味"，开发出了升级版的"农家野味"；而对于内部环境的布置，也并没有吝惜成本，全套的卫浴用品都是知名品牌，连洗发液都是从国外进口的。

7月达成合作意向，9月开始施工，11月正式投入运营，总共投入30万元。得益于前期充足的线上推广，山楂小院以每天2800元的价格被迅速预订到了两个月后。紧接着，春节来临，天天爆满。得益于这样的商业成功，2016年4月，陈长春又改建三套院子，当年5月1日开始营业，小长假期间依旧爆满。

对于陈长春来说，山楂小院在商业上的成功至关重要。这是一个尊重商业逻辑的社会实验项目，是他试图使用最朴素的方法来改造农村的老宅并提升其品质，改善其与周边环境的

乡创英雄榜·陈长春 | RURAL INNOVATION HEROE - Chen Changchun

关系，并同时解决经营和生活的功能性问题，使之达到一定的舒适度的一次尝试。

陈长春的野心并不仅仅是几间民宿，他的目标是打造一个所有人都可以从中获益的乡村产业综合体。为了实现这个目标，下虎叫村成立了北京虎叫联合乡村旅游专业合作社。在政府和陈长春公司的担保支持下，合作社贷款150万元，进一步改建了5套院子。这些院子统一由"隐居乡里"平台运营，合作社与平台按照三七的比例分账。在这个只有50户人家的村庄里，投资了210万，运营了6个度假小院，平均房价约2000元，平均入住率达到了76%。当地农民从资产收益中获得了84万元，工资收入35万元，经营收入28万元。如此优秀的数据，在商业上无疑是成功的。

至此，陈长春明确建立了一个"多维共赢的城乡合伙人"的乡建模型：即引入政府、扶贫机构、银行等金融机构形成"村集体合作社+运营商+X"的多元合作模式。这个模式是隐居乡里作为运营商对产品、培训、营销、管理统一运营；村集体合作社负责投资和检修；民宿管家负责餐饮、接待、清洁和维护；政府负责秩序、环卫、保障和应急。村企合作各施所长，在地共生多方盈利，打造稳健、可复制的、集群发展的民宿之路——这样的模式在隐居乡里之后的版图扩张中，始终没有改变。

与当地人共生的魅力

在摸索公司化乡村民宿运营体系、通过实践实验创立商业模型的过程中，不是没有出现过问题和危机。

首先是"服务员和管家从哪里来？"的问题。初始阶段，为了确保统一的服务标准，他聘请了一批酒店管理专业毕业的人才，然而，这些科班出身的年轻人不能适应农村的生活环境，干不了多久都跑光了。"人来了，人又走了，重复几次之后，我明白了一件事情：不管想法多么高远，既然是在售卖乡村生活方式，我们就得和当地人一起去实现。在地化非常重要。只有瞧得起村民，才能建立真正有温度的服务体系，否则一切高质量都是空谈。"

陈长春把村里最年轻的几位村民召集在一

起做了一个月培训。这些原住民不会轻易离职，同时又有生活经验，对当地食材和传统非常了解，经过情绪管理、美学提升、卫生标准规范的个性化培训，很快就适应了服务员的工作，一批又一批的客人开始反馈，隐居乡里提供的服务比五星级酒店还要周到贴心。

接着是"谁来管理小院？"的问题。他费劲心思招到了第一批经理，花了很大力气培养他们的营销能力、宣传技能和美学观念，结果并不理想。"培养一个全能的民宿经理太难了，又养不起五星级酒店总经理那样的高薪人才，倒逼我们重新想办法：只要求经理们做好小院内的基础接待和维修工作，我们再在北京总部另外招聘一批市场营销人员，负责营销宣传，然后将宣传资料统一分发到各个小院。"如今，隐居乡里已经成长为一个100人左右的团队。

也遭遇过"合伙人危机"。隐居乡里从一开始就明确了自己的设计风格：外部修旧如旧，给予旅居的城市人一种乡愁的感觉。然而，这样的设计理念却难以被投资人同步接受。"在做姥姥家的时候，院子刚建好，村支书就崩溃了，他觉得怎么改造过跟没改造一样，花钱还是整出来个破坟堆子似的房子，连瓷砖都没贴，怎么跟老百姓交代？"结果就是这套院子，在意大利获奖无数，各级领导参观以后都赞不绝口，销售成绩也是节节高涨。面对市场反馈，村支书和老百姓们终于开始转变固有的观念，慢慢认识到这就是野趣，这就叫乡愁。

还有淡季客房空置率的问题。2016 年几个小院开业的时候，恰好北京冬季雾霾很严重，虎叫村一带正好越过雾霾、空气清新，因此即便在冬季生意也很好。但随后几年，随着北京雾霾得到良好治理，出现了淡季经营难以为续的惨淡景象。经过一番思考，陈长春开始将视线对准学校和研学组织，进行冬令营和体验活动的输出，同时为公司团建、开会的人群搭建设计和服务体系，慢慢地积累起了淡季团队客群。

设计真正属于农村的旅游项目，难点不在于资金，而在于发现能力。陈长春举了一个有趣的案例：在延庆下雪的时节，隐居乡里有一个冬季娱乐项目是由村子里的原住民管家带领孩子们爬山，在山上还没融化的雪地寻找动物爬过的脚印。这样的寻访动物足迹冬日亲子活动，每天收费 1000 元，受到研学组织的热烈欢迎，参加过活动的大人小孩也都兴奋异常，满意地给出了五星好评。

对此，陈长春深有感慨："这就是尊重商业规律前提之下与自然融合、与当地人共生的魅力。"曾经有人问他，一间农村的房子凭什么 1800 元住一天？一个不收门票的活动凭什么收费那么高？他给出的理由是："你来这里，山好水好，空气好，大自然慷慨地张开怀抱，是谁把它们保护得这么好？是谁带你进入的全新世界？所有为此付出代价的人是不是都应该获得回报？"

在乡村构建生活体系

在北京延庆的常里营村，有一位乡贤叫"老马"。老马干了半辈子的建筑工程，毅然决定回乡，和隐居乡里合作修建 12 座农家小院，项目取名为"老马回乡"。老马说，"这是我回村后干的第一件事，搭上一辈子的积蓄也值得，因为这里是我的根。"

这样的人在陈长春的合作名单里并不多，更多人会选择自己修建和改造旧房，从乡村旅游的热潮赚到几分红利。对此，陈长春并不觉得是市场被抢占了，他认为"红眼病也是生产力"，顺应这样的跟风心理，帮助这些人把自家老宅建得更漂亮，运营得更健康，才能让整体区域更快发展起来。

"我觉得这是很好的趋势，我也非常乐意给他们做引导和服务工作。"陈长春说，他在外围为他们做辅导、培训、设计，大面积承担整体模式输出，并发挥政府帮扶资金的作用，邀请政府承担相应的设计和服务费用，快速把所有人积极性调动起来。短短一年时间，在留坝县共生了 200 多个不同体量的乡贤投资民宿项目，这对于平台和流量都是产品的延伸和组合生态，是全域乡村最好的运营状态。

共同富裕的最终目的是让老百姓自己干，这是陈长春的初心。乡宿，是一门从"真、善、美"出发的生意。取材于乡，取人于乡，生意有了，情怀也有了，如此民宿才会有持久的生命力。

也因为这份善意，这七年来陈长春做的每一个项目，都成为了当地政府共同富裕的模版：

管家拿到了工资，农民通过自宅得到了收益，乡贤们完善了乡村旅游业态，农产品带动了全村增收。

关于农产品的产业链，陈长春发现，来山楂小院的人都喜欢喝自制的山楂汁，回去的时候总会带那么几瓶，于是开设了微店供应山楂汁，一个月下来，卖出了一万元。当地生产的有机小米、国光苹果、山核桃、鲜摘玉米棒放在线上平台上售卖，成绩也都很好，这既解决了农产品的销路，也让隐居乡里增加了新的赢利点。

这是一个原乡产业集群，把以民宿服务为代表的"三产"，以后还包括乡村办公、乡村教育、自然教育、乡村康养等等，和轻加工的"二产"，以及有机种植、有机养殖的高品质"一产"结合在一起，最终形成一个面向城市人提供优质的生活服务的场景空间。

乡村是生态化的，是水乳交融的，是大家彼此帮扶着往前走的。在陈长春的理想里，他已经不仅仅是在做乡村旅游，而是在构建未来更优质的人类生活体系。如果说之前三十年的父辈们构建了城市文明发展体系，那么对于他来说，这一代人的使命，就是在乡村构建起生活体系。

（文／张君会）

乡创英雄榜·宋群 | RURAL INNOVATION HEROE - Song Qun

宋 群
上坡、下山，守望"活着"的乡村

SONG QUN: UPHILL, DOWNHILL, WATCHING OVER
THE 'LIVING' COUNTRYSIDE

蔡家坡是一个时代的造物，
它平凡、普通，却具有代表性。

乡创英雄·宋 群

RURAL INNOVATION HEROE - SONG QUN

"Local 本地"创办人 / 蔡家坡村艺术村长 / 西安美术学院教授

乡创英雄榜·宋群 | RURAL INNOVATION HEROE - Song Qun

蔡家坡，坐落在秦岭终南山脚下，是西安市鄠邑区石井街道一个普普通通的村落，大多数建筑兴建于上世纪八九十年代，没有什么古村落风貌，也没留下什么文化遗址，传统的秦岭周末观光带也不在这个区域。

但是，作为土生土长的西安人，宋群对这片土地有着深刻的复杂的情感，2007年，他创办独立刊物《Local本地》，以民间姿态记录与西安有关的文字、影像、文献。

他以文人的视角，观察和纪录这座城市的历史变迁，小心捡拾遗失在岁月里的珍珠瓦砾，把即将淹没在时代里的旧房老物改建成文化标志，在城市空间里复原多场艺术活动连接人与城市的情感，十余年的琢磨与沉淀，形成一整套关于西安本地文化的再生体系。

"修剪"生活场域，复原乡村筋骨

2019年，宋群受"关中艺术忙罢艺术节"总策划武小川的邀请，来到蔡家坡，从艺术作品的创作者转型为"蔡家坡美好乡村计划"策划者和实践者。尤其是受聘为"蔡家坡艺术村长"之后，他在蔡家坡实实在在地扎根下来，用漫长的时间打磨蔡家坡村的本地文化，用已经成熟的再生体系与其他乡村建设者以及村民一起，一步步构建这座小村庄的架构、肌理与灵魂记忆。

宋群来到蔡家坡，改造的第一个民居院落就是"蔡家坡村长之家"，这不仅仅是他这几年来在村里工作时居住的地方，也是一个集生活、工作、接待、展览、咖啡等多重功能于一体的示范空间。

"一开始改造的时候，屋主老大娘非常不高兴，她70多岁了，孩子们都进城上班了，家里也空荡荡的，空闲出四五百平米的房子。她自己也需要增加收入，就把闲置的房子租给了村集体，但是她很不高兴我们拆她的塑料雨棚，一开始非常不高兴看到我们。"

改造到一半的时候，宋群把屋主老大娘请上二楼，指着远处的终南山说，"你家最好的风景，就在这二楼，加出来的塑料棚子能遮雨，但也遮住了好风景。你看，现在拆了棚子，不仅视野开阔了，是不是心里也舒畅多了？"

远处的山峦隐没在霞云里，山脚下的麦田层浪翻滚，如此好的风景，被习以为常的村民们忽略，看着改造后的老房子，老大娘的态度发生了180度的转变。

宋群笑着说，"后来我们每次过去，老太太都要拿桃子和樱桃给我们，问吃饭了没，家里有苞谷汁要不要喝，拉住我不停的聊天儿。

村民其实很朴实、简单，只要他们感受到你的方式方法是站在她的角度去考虑的，就接纳你了。"

他用最简单的方式改造旧房，不做太多框架上的变动，把院子收拾干净，把多余的东西去掉，把老旧的屋檐、原本的砖墙都保留，只是把墙面刷白，尽管没做太大的变动，但是这些老房子都焕然一新。

在村里工作，与村民的观念冲突也很难避免，比如村路上城市里普遍的大瓦数路灯，被改成低矮的小灯，就遭到了村民们的反对："路面不就是要亮堂堂的才好吗？"

宋群耐心地和村民沟通，"咱村里最好的，白天就是这座山，晚上就是这漫天的星星，这些都是城里没有、城里人也看不到的，咱得想办法保护好这些。有些村民理解，但也不是所有人都能认同。一切都需要时间。"

今天的蔡家坡村更原生态了。可以捕捉到萤火虫的光辉，星星在湖面投下闪耀的影子，远处的山峦若隐若现，甚至一些小动物也愿意出来了，有游客在夜里拍下了秦岭山里的保护动物在过马路。

"我们想保留乡村风貌的独有性，村民不一定接受，他们向往现代化设施带来的便利性，也是应该的，如果可以不用牺牲乡村原有风貌和特质，掌握好一个平衡的度，不是更好吗？

我们的城市居民在过去在城市化进程中，也付出了高昂代价，城市病不应该再带给乡村。如果能找到更好的方式，并带来好处，相信他们会接纳我们的想法。"

重拾乡土记忆，修复乡村的肌理

"新的乡村文化系统需要建立，必须要有新的乡村文化空间，比如一间书店，一个剧场，必须得有能够不断发生故事的文化场所，有了这些公共场所，这些乡村系统才可以建立起来。"

在城市里，公共场所非常普遍，书店、音乐厅、电影院、艺术空间，甚至一家小小的咖啡馆都可以成为文化交流的场域，可以打通人与人之间连接的频率。

但是在乡村，举目四下皆荒野，人类的文明之所以延续至今，很大程度上，是因为人在现实世界里建构了一所所能容纳精神的神圣空间，它可以聚集人与人的关系，打破乡村与城市的壁垒，它可以诉说一些过去，可以留住一些当下，也可以创造一些未来。

宋群在他改造的"蔡家坡村史馆"里举办了一场"极俭之美"展览，村民们闲置的废旧工具、老旧的桌椅板凳，这些打了补丁的岁月都被一一铺平、整理。在展览里，我们可以看到这个村庄平淡生活之余的细碎角落，回归乡村的本质，抱朴归真，用原本的样貌示人，最朴质、平凡、真实的生活状态，本就自带一股原生的美感。

刨、锯、凿、锥、刀、尺、锤、斧、銼、锛、墨斗，来自工匠手里的工具；桌、椅、锅、碗、瓢、盆、铲，陪伴一代人的老物件；还有压箱底的信件、孩童时期的玩具、破旧的漫画书，从落满尘土的土地里捡起来，形成一场以文字、影像、实物的展览互动场域。

这是一个具有突破性意义的乡村实验，它意味着乡村的自信被建立，属于乡村文化的精神物件儿从尘土里复生，成为一个个乡土记忆的文化符号。原来乡土文化的生活，本身就是一个活着的艺术品。

除了"旧物"的连接，乡村文化里还缺少不了"味觉"记忆。食物，是乡村的另一重深刻记忆，游子往返归乡，最念念不忘的就是老家的味道，留住舌尖的记忆，是乡村的另一重温柔体验。

宋群团队发起"田野手艺人"活动，走访调查蔡家坡的多家村民家庭，评选出村里最会做面的大妈大婶来做拿手地道的户县手工面。在活动现场，评选出"面 / 田野手艺人"金奖及

银奖并举行颁奖礼，为日常的烟火气重塑了仪式感。

乡村之所以存在，离不开脚下土地的滋养。"食在麦田"的主题，则是让餐桌回归田地，在山川环抱、麦田翻浪的场景里，感受脚下土地的生命气息，在自然之中感受食物的滋味，坐在丰收的麦田边上，聊一聊乡土记忆。唤醒人们对粮食与土地的尊重。

从细碎的生活里，寻找乡土文化的脉络与框架，像翻阅泛黄的纸页，层层叠叠的堆叠起属于蔡家坡的独有乡土文化。

当他们复原了乡村的筋骨，再以旧房改造，搭建城市与乡村之间精神文化来往的场域，慢慢完善了乡村的肌理，逐渐滋养成一个生长中的"活着"的乡村。

艺术双向流动，尊重乡村的视角

在乡村建设方面，宋群始终尊重村子里原住民的身份和视角，"自下而上，才是自然生长，乡村振兴的主体是村民。"这不是一句空号，而是真真切切的融入了具体的乡村实践，"不只是城市需要接纳乡村，乡村也需要接纳城市。"

从2018年蔡家坡的第一届忙罢艺术节开始，今年已是第五届，以表演和大地艺术为主要形式展开。近年来，增加了终南剧场和蔡家坡村史馆等实体空间，表明艺术节的内容和形式已经开始向多元转向。

麦田音乐单元，使蔡家坡村的村民接触到了多元的音乐形式。伴着夏日晚风，当爵士乐在麦田中响起，音乐的力量、生活的丰盈，降临到每一个人。

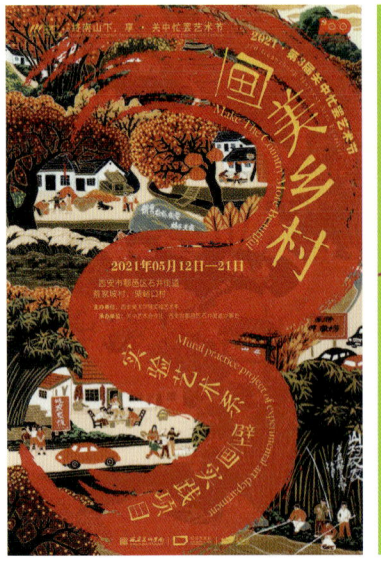

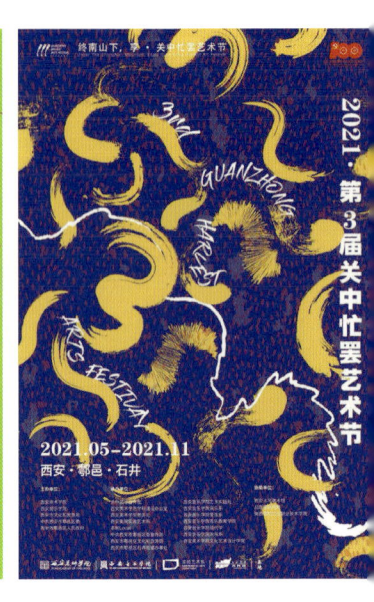

乡创英雄榜·宋群 | RURAL INNOVATION HEROE - Song Qun

"在这儿出现爵士乐，甚至在这儿出现摇滚乐，都是第一次。很多村民也真的是第一次听到这样的音乐，更是第一次在自己的村里听到这样的音乐。在村里就只能听戏吗？为什么不能有更多选择？吹着山风，看着麦浪，大家真的感觉乡村生活也可以稍微做一点仪式感的东西，让我们对乡村生活更加重视，更加珍视。"

但是艺术节里的艺术，能够与村民产生什么联系？如果只是单纬度的、单向的艺术输出，或许就像一阵时代的风，惊艳一刹那就过了，无法与乡村文化缔结长期的生命力。一系列的反思，最终落到艺术走进乡村的底层逻辑，是以村庄、以村民为圆心去思考。

这看似简单的行为逻辑，背后是一种对乡土文化的平等与尊重，城与乡，终究是没有分别的、互为圆满的一场生命连接。让村民们看得懂的艺术，让村民们也产生沟通与碰撞的文化，陆续在蔡家坡开始了新的实践。

"麦田夜寻"活动，像是一场充满浪漫隐喻的行为艺术，100位麦田夜寻者，拿着手电筒在麦田夜游。无数道光柱穿过麦田、野地、山川，向上、向下、向四面八方穿透漆黑的夜，从地表、河川到星辰，让人不禁思考：他们是在守望，还是寻找？

为何要在这片土地上寻找？这是秦岭脚下，终南山庇护的小村庄，它可能见过盛世长安的璀璨光华，它可能流淌着大唐后人的民族血脉，无论从哪个角度来看，它都不应该有文化缺失感。

但是乡村的"空心化"，不仅是人口基数的空心，也是内在精神文化的空虚，我们无法

相信，就在古老的皇城脚下，十三朝古都西安附近的村庄，需要重塑文化自信，甚至要从泥泞的尘埃里一一捡拾。

直到抽丝剥茧地理清了西安本土文化的脉络，才懂得了这场麦田夜寻活动，这些乡土文化最终的落脚点，以及宋群扎根乡村的文化深耕，究竟在探寻什么。

连接古今文化，缔结乡村的灵魂

蔡家坡背靠秦岭，风调雨顺，自古以来遭遇粮食欠收、自然灾害之类的问题很少。这样的自然生态，形成了关中地区的人们平顺无忧的生活方式。

按照过去的乡土记忆，农忙时节村民会请人来唱大戏，多是秦腔表演，并邀请附近村子的亲朋好友一起观看，久而久之，便形成以村为单位的拜访、聚会，这就是忙罢古会的缘起，其历史至少能够追溯到清朝。

宋群说，"中国几千年来都是农耕社会，过去的乡村是由宗族、祠堂、庙会串联起来的，

乡创英雄榜·宋群 | RURAL INNOVATION HEROE - Song Qun

那是传统中国农村赖以持续的系统。时代不同了，今天的乡村，需要新的文化场所，有场所，有内容，有乡村之魂。"

蔡家坡美好乡村计划，作为"关中忙罢艺术节"的一个单元，是一个串连古今记忆的时空纽带，以艺术轻介入的方式，逐步点燃关中农村地区的古老记忆，让沉寂在时光里的乡土文化复原。

宋群从城里来到乡村，把《local 本地》的视角一路观测到蔡家坡。"我只想通过自己的方式，去了解和梳理地方文化，以及人与地方的关系。蔡家坡有一个好处，因为它并非旅游地，因为它的普通，所以它留下来的是一个真实的乡村，历史变迁的、时代变迁的缩影，它保留得还挺好的。尤其是背后的终南山与村庄的依托关系，山脚下的麦田、葡萄田都很好，它就像一块蒙了灰尘的璞玉，你只需要把灰尘擦干净。不需要多做什么。"

如果用上帝视角来观察蔡家坡，会发现它刚好处在一个微妙的平衡点上，背靠终南山，无数隐士高人在山中归隐，不问红尘；往北一路走，就走进喧嚣的老城区，烟火人间年年岁岁绵延不休，无数新的想法可以在城市里流动、安放。

"今年我们为蔡家坡做了一个小的乡村书店，书店的系列分享活动，名为'下山说'，什么是下山？探寻未知，就是下山。在喧嚣与

宁静的分界点上,如果要找一个平衡出世入世的点,那么蔡家坡无疑是一个很好的所在。"

终其所述,蔡家坡是一个时代的造物,它平凡、普通,却很有代表性,我们可以看见乡村建设不仅要建"形",还要造"气",而这种气象、气脉,或者说神韵来自哪里?从土地、文化还是艺术里?还是场域、空间和建筑里?这或许是一套相互连通、相互依存的体系,如何去复原乡村文化的建设,或许,我们需要探索的还有很多。

(文/小野)

乡创英雄榜·黄印武 | RURAL INNOVATION HEROE - Huang Yinwu

黄印武
二十年后，"沙溪故事"还可以慢慢讲

HUANG YINWU: TWENTY YEARS LATER, 'SHAXI STORIES' CAN STILL BE TOLD SLOWLY

走得慢一点，突破时间的禁锢，留下的文化就更多一点。

乡创英雄·黄印武

RURAL INNOVATION HEROE - HUANG YINWU

上海交通大学设计学院副教授 / 沙溪源乡村合作中心理事长

乡创英雄榜·黄印武 | RURAL INNOVATION HEROE - Huang Yinwu

二十年，几乎涵盖了一个人的青年到中年。什么样的一份事业，能让一个成长于湖北，又游历于中国南京、杭州、欧洲和中国香港的建筑师，扎根在云南滇西的一个古村落里二十年？

2023年6月，第十八届威尼斯建筑双年展中国国家馆在威尼斯开幕，建筑师黄印武带着他不曾大肆宣传，却受到不少读者喜爱的"先锋沙溪白族书局"项目在"宜居·传奇·百变群像"单元展出。

往前回溯到2001年，沙溪和云南很多的古村落一样藉藉无闻，昔日热闹的街上都因人口的流失、老旧建筑的疏于维护而显得破败凋敝。而作为茶马古道上唯一幸存的古集市，沙溪被瑞士的文物遗产保护专家雅克·费恩纳尔推荐给世界纪念建筑基金会（WMP），"幸运地"入选了2002年值得关注的101个世界建筑遗产名录，在国际上声名大噪。

2003年，刚从瑞士联邦理工大学硕士毕业的青年建筑师黄印武，带着复兴工程的国际基金"空降"到了这里。他和沙溪古镇的命运齿轮开始交织滚动了起来，"沙溪故事"就此展开。

当二十年后的现在，再看云南省内的古村落时，黄印武说："沙溪其实并没有多特别，只是它的风貌和历史被更好地保存了下来。二十年前和它一样的村子很多，现在恐怕很难再找到了。"

慢一点，让沙溪还是沙溪

随着技术的发展和信息流动的加速，跨国界设计落成一座建筑也变得不是那么难。尤其是中国这快速城市化的20年，多少国际知名建筑师的作品拔地而起，多少满怀理想的建筑师投身于乡村振兴的洪潮中打造新一代乡村风貌。而对于沙溪复兴工程的这20年来说，乍眼看上去并没有那么多的"新建筑"和现代建筑出现。只是看到几扇大门、一些百年民居、寺登街戏台、兴教寺大门和老马店等老旧部件和建筑被修复了，依然朴实沧桑却不破败。

2003年刚刚到达沙溪的时候，黄印武作为项目负责人带领瑞士的修复团队进入村子，并

没有带着城市生活的优越感和快节奏大刀阔斧地除旧更新，让村民住上和城里一样的混凝土大楼，让政府看到一个个新项目飞速地落成，而是审慎地从三扇有一百多年历史的民居大门开始入手。

沙溪的寺登街区域作为茶马古道上唯一幸存的集市，它的历史可以追溯到 2400 多年前的春秋战国时期。如今的沙溪从材料、建造工艺等空间维度和不同时期、物质条件的时间维度上来说都是多元、复合的。他们这些外来人需要一边教当地的施工队用现代技术更新破败的元素，一边尽可能地少干预原始状态、去保留更多的历史信息。

一年多的时间才修复了 100 多平米的试点空间，这放在现代似乎是无法接受的。村民们不理解这些专家和外国人为什么要大费周章地来修复这些"没用的老物件"，村里这样的房子很多，工匠的体系也很完整，拆掉重建一个"一模一样"的，反而容易也快得多。当地政府也期待着黄印武团队带着先进的城市经验能快速地更新掉旧的空间，无法理解他们要保留四方街上一块百年历史的旧石头，不惜耽误工期搬出搬进，甚至为此闹得观念不合停工两次。

这和当时项目的遗产修复性质和国际慈善资金来源脱不了关系。面对村民的不理解和政府的压力，黄印武可以坚持"最大保留，最小干预"的原则，不妥协于技术难点、时间周期和经济成本，与时间的洪流、时代发展的速度、传统开发模式做抗衡。也正是这样的过程，才能更好地了解剑川当地的工匠、技术和材料，

乡创英雄榜·黄印武 | RURAL INNOVATION HEROE - Huang Yinwu

后面的修复速度就快了起来，寺登街上的几个重要节点在半年内就差不多修复完成。

他的固执并不是"书呆子"式的一味尊重历史，不顾当下的生活，而是从一开始就知道沙溪的修复工程修复的不只是过去的空间，而是现代生活与历史空间之间的鸿沟。黄印武想的不是将整个村子快速地修复，给村民住上不符合传统也不舒适、但和城市一样的混凝土房，也没有为了政府的政绩拼命地除旧更新，而是长远地让沙溪从物理空间、生产生活和经济发展层面都"复活"。

下一阶段他开始修复起当地的基础设施，沙溪的故事便活了起来：当水、电和排污系统被建设得比剑川县城还完善，抬起头能看到没有电线的天空，当地人能更好地生活下去，海内外的游客也愿意来这里体验。但这些带来的商业化发展，因为他的"慢"与"不妥协"，让沙溪没有变成一个同质化严重的旅游特色小镇，而是保留住了沙溪的历史特色，让沙溪还是沙溪，只是成为了更符合现代生活方式的历史文化古镇。

到2011年时，来自瑞士的修复团队和募集的国际基金早已退出沙溪，但在街头，依然能看到步履轻盈、说话沉稳、不急不缓的黄印武。他没有选择在国际合作项目结束后就离开，而是在这里买了一栋老宅，真正地扎根了下来。只要这里还有他能做的，他就会继续做下去，看看未来的沙溪会变得怎么样？

他走得慢一点，突破时间的禁锢、抓住的历史信息、留下的文化就更多一点。

建筑师是时空的链接者

从一开始毕业回国，投身乡建，黄印武走的就不是一条传统建筑师的职业发展路线。问起来，却也没有多么高远的理想，在他的口中仿佛一切都只是随遇而安："因为出国读书前，在学校有过五年的实践经验，对国内建筑行业的现状还是有一定的了解。毕业时只是觉得这个项目比

较有趣，并没有刻意地想去做成一件什么事情。"

如今的沙溪看上去似乎没有黄印武建筑师的作品，但其实处处透露着他的个人特色。作为一名古建修复者，他保护住了沙溪的历史，但他也深知只是通过修复几栋建筑或是盖几栋新房是保护不了沙溪的未来的。他要做的是带领修复工程修复当地人的生活品质、留住本地的生活。

他不是一个没有建筑抱负的设计师。只是他知道当从城市转移到乡村，面对不同的认知、不同的专业和多方的诉求，如何利用建筑师天然的协调能力，在沙溪当地的条件下，用设计思维去完成修复的任务，并把当地的生活改善好。与其把自己限制在建筑师要盖房子的思维圈里，不如放到一个更大的、更开放的层面上去思考如何制定一个整体的乡村发展策略，在与当地村民、政府建立信任以后，春风化雨般地将自己的想法植入到当地。

面对乡村建设中极大的规范自由，黄印武意识到背后其实是更深层次的社会建设过程。乡村建设本就是一场自上而下、从外向内的修复工程，如果强加建筑师的审美、精英主义的精神追求和自以为是的价值判断于乡村，那只会与当地的村民、生活大大脱节，造成更长期的矛盾。说白了，遗产的修复和更深层次的乡村发展并不在当地的村民的思考维度。因此在后来的马坪关项目中，他自下而上从与社区居民合作开始推动修复，让居民的利益最大化。授人以鱼不如授人以渔，他没有强势地去做主动创造，而是引导当地的居民如何去营造自己的社区。

2015年以后，当国际上的资金转向别的风口，黄印武和团队开始更多地与当地政府合作：以成立一个民办非企业的社会组织形式，给政府提供咨询服务，合作"国家级建制镇示范试点"项目。这个时候他不再是从项目规划一直到落地的整体把控主导，而是提供设计技术支持，在帮助政府获得立项的同时将自己的思考结合到项目里。

这种和当地政府更紧密的合作关系，也让

项目的落地性变得更好。到了 2016、2017 年，黄印武真正意义上作为建筑师的作品"先锋沙溪白族书店"开始筹备起来。即便在这个项目里，他依然没有像在城市里那样去追求设计的标新立异、表达建筑师的自我，而是将一个破败的食品加工作坊"修复"为一个现代但不陌生的书店，融于本地的村落中。

他说："做这些并不是为了什么成就感，为了打造出一个建筑师作品后拍照发表给大家看，而是想认认真真地解决如何将新的功能需求结合到旧的空间里去。"设计并建造一个书店，对于受过专业训练、又有实践经历的建筑师来说并不难，难的是如何在沙溪这个村落里控制住自我的表达欲：不执着于形态的表达、不使用不适合此地的现代技术和材料。

先锋书店的设计并不复杂，黄印武在设计建造过程中经常跑去工地现场，看到原来那些能用的就用上，哪里需要什么就做一些设计调整。这个空间本身和当地是有联系的，是有公共记忆的空间，所以不能排斥本地人，但他更多的受众却是现代的，所以建筑师的专业解决方法是用本地的材料和技术结合当代的审美。

这样的建筑或许很难拍摄好看，但是面向了真正的使用者，而且便于当地去借鉴和利用，从长远角度看是对本地更有价值的。黄印武作为建筑师，他知道在哪里适当地去展现自我：书店主体右侧的烤烟房被改造成为了一个"诗歌塔"，用大量的多层板做的旋转楼梯仿佛一件空间装置将路径的功能与出挑的外形结合得刚好；在旁边新加建的一个建筑，他设计了一个线条起伏的大飘檐。

这两年除了沙溪，黄印武也作为建筑师在其他城市和地域参与遗产相关的建筑项目。敦煌研究院榆林窟环境整治与管理及辅助用房设计中，他在设计时并没有强行保留原始状态而是拆除了影响场地真实使用价值的上世纪八十年代的宿舍建筑，再因循地形与现代使用需求、结合当地的材料做了新的设计。

不论是在沙溪遗产的修复工程中，还是在先锋书店或榆林窟的设计中，黄印武的身份不只是建筑师，更像是一个时空链接者：让场地

的过去、现在和未来产生链接、让本地的空间与外界的使用者产生对话。当建筑师放下要盖一个什么样的建筑的执念，克制住在设计形态上的表达欲时，对真正的使用者和当地文化所产生的影响反而更长远。

延续文明需要几代人的努力

沙溪古镇的发展并不是为了旅游的开发，而是为了可持续性地去保护这片乡土空间和历史文明。

每年来这里寻找诗和远方的国内外游客并不少，随之也带动了当地的经济发展。这样的发展方向并不完全是黄印武所带领的修复工程所导致的，也有无法预料的外部因素影响：比如2023年刘亦菲主演的电视剧《去有风的地方》的热播、鹤剑兰高速沙溪支线的通车等等。

对于沙溪古镇的未来，黄印武的观点是审慎的："我们很多的事情是通过与政府的合作来实现的，尽人事听天命，我们只希望能尽可能地把已有的成果延续下来，并推动到周边去。"因所处地理位置相对偏远，沙溪自身的发展能力有限，在当时国际力量的经济支持和当地政府的政策支持之下，经过20年修复工程后的沙溪，不仅保护住了遗产空间的价值，还能适应

乡创英雄榜·黄印武 | RURAL INNOVATION HEROE - Huang Yinwu

时代发展，和现实生活比较好的结合在一起。

回想 20 年前的沙溪，这里还是一个没有人愿意来的破败村落，现在已经是小有名气的目的地。这背后的改变是越来越多的人开始认可它的价值，这也让当地的村民和政府开始意识到原来自己司空见惯、觉得破旧可以拆除的东西是值得欣赏的，他们不必为了寻求身份认同，而去建造和城市里一样的建筑或空间，这个过程其实也帮助他们树立对自我文化的认知和恢复文化自信。

当然过程中也有不尽如人意的地方。看到当地人把房子租给外地的经营户，而自己又搬到基础条件更差的地方；为了更好地服务游客，满足现代生活的功能需求，传统的文化也会受到冲击，黄印武的心情是很复杂的。在以经济发展为主导的商业化趋势下，即使是偏远的沙溪也无法阻止旅游业的发展、抵挡外部经营户的冲击，尤其是在某些如餐饮、住宿等等行业，当地的认知和经历都不足以支撑他们去和外地经营户做竞争。这些光靠这一个项目是解决不了的，也不是一厢情愿就能控制的，是需要更长期的从整个国家体制和政策层面去努力解决的。

在如何用遗产这个点来撬动整个未来的发展的方面来说，沙溪古镇是一个具有很高价值的个案，也展现了古镇发展在旅游开发之外更多的可能性。但在我国的其他区域很难再复制这样的操作，这对资金的需求和当地政府的眼界都有很高的要求。

当我们面对现在百花齐放的时代，国家政策导向都非常的明确，各行各业也都很有热情去参与乡村振兴，黄印武说最大的问题还是由来已久的城乡差别。

在过去的四十年里，我们努力地将一直被边缘化的乡村从物质空间和基础建设层面和城市的差距尽量弥合，但在教育资源和认知水平

上面是不可能那么快的。有能力、有城市经验的人也很难在同一层面上平等地了解乡村的文化、理解乡村的发展规律，这些问题都不是靠金钱能解决的，而是需要时间，需要更多的城乡流动和融合。

虽然有不同城市、区域和国家的生活经历，黄印武并没有以高调的姿态来面对乡村问题，反而是更包容、适应的状态面对生活的多样性。因为他深知我国城乡差距的巨大，不是靠一个项目就能完成的任务；就像我们的文化自信不是几个世界闻名的小镇就能恢复的，可能是需要几代人的时间去引领。（文／俞怡人）

乡创英雄榜·小熊 | RURAL INNOVATION HEROE - Xiao Xiong

小 熊
从一间民宿到一个村庄
XIAO XIONG, FROM A GUESTHOUSE TO A VILLAGE

一个中国人理想的一生，是幼年在乡村，青壮年进城，到了一定阶段之后，就是回到故乡。

乡创英雄·小 熊

RURAL INNOVATION HEROE - XIAO XIONG

墟里创始人

乡创英雄榜·小熊 | RURAL INNOVATION HEROE - Xiao Xiong

最近几年，小熊基本上都生活在乡村，她带领着墟里团队和共创伙伴，连续开发了一系列令人惊艳的"乡村生活产品"。在徐岙底村尝试回归传统供销社体系模型之下的助农及农产品销售模式，为农户和消费者建立生产和销售的联结平台；利用徐岙底古村的非遗传承红粬制作工艺，研发出了墟里专属的红粬啤酒以及和当地政府进一步谋划关于红粬产业化的未来；创办乡村丛书集《墟里生活指南》，创刊号聚焦于泰顺文化传承与本地生活；开发了一系列乡村体验内容，包括跟着节气去乡村、半农半X志愿者项目、最好的教育在乡村、新乡民招募等。

从浙江永嘉县的墟里壹号、墟里贰号到现在的徐岙底整村改造项目，无一不在实践墟里的"暧暧远人村，依依墟里烟"的初衷。而墟里一直在偏僻的村庄里做这样的探索，用小熊自己的话来说，只是源她内心的召唤："不是因为我对行业本身有多了解，只是简单地来自于我对我所认知的乡村的信心，那里生活肌理还有，人情味还在，地还有人种，农活也有人干，阿姨大妈们还能在路边唠唠嗑……我只有把这些东西重新梳理和挖掘，把乡村的美好用市场的手段把它转化成商业上的价值，村子才能被保留下来。良善商业的成功，是乡村价值最有力的传播方式。"

我不是"下乡"，我是"返乡"

从城市白领，到游荡在田间的新乡民，

2023年已经是小熊回归乡村生活的第九年。她的祖籍在温州永嘉农村，这里也是墟里壹号、贰号的所在地，她毕业于北京大学，拥有法律硕士学位，曾是北京一家律师事务所的合伙人，对很多人来说，她是成功地离开了农村的"律政精英"。

多数人会认为，拥有如此优秀背景的创业者应该更倾向于选择清晰的商业道路，而小熊却反其道而行之，选择了一条看似随性的道路。她坦诚，自己所做的并非一开始就有明确的模式，也并非是计划出来的，而是自然而然地，一步步生长出来的。

乡村是有门槛，但在她看来，更主要的还不是经济门槛，而是一个人从外求到内求的过程。什么是最本质的需要，什么是可持续的选择，你想成为什么样的人过怎样的生活，如何实现自我价值同时又服务于他人与社会。

从高校毕业后，小熊继续留在北京工作和生活，城市生活让她和所有打工人一样无可避免地陷入一种"茫然"状态。她意识到，就算对事业感到满足，物质生活足够优越，只要试图往更长远的未来看，看到的只有下一个十年的重复性。如今小熊仍记得她当时的心情，"水瓶座嘛，总是希望人生是一段一段的旅程，期待不一样的可能性。"

其后，小熊跟单位申请了去欧洲游学一年，花了大量的时间在欧洲的乡村游荡，看着那些静静沉淀着的村庄，听世世代代生活在乡村里古老家族的故事，那些乡村和生活其中的人的关系打动了她，她内心中关于人生下一段旅程的方向渐渐清晰。

"昔我往矣，杨柳依依；今我来思，雨雪霏霏"，这正是小熊在无形之中感受到的一种深深的"乡愁"。

小熊回忆道，"再回望这种心态，我发现这是我们这些选择回到乡村创业的乡建者共有的特质。我们选择再回到乡村，与村民打交道，虽然明白钱是重要的，但它并不是首要的。相互之间的尊重和认同才是更重要的。这种情感上的连接，就是我们内心生出'乡愁'的根源。因此，我从来不用'下乡'这个词，我用'返乡'，这是一种态度，也是一种初心。"

从一间民宿开始的乡村探索

小熊的返乡之路从一次非典型的城乡切换尝试开始。从欧洲回国后，她首先搬入了北京的农村，并在那里生活了一年。每当有事务需要处理，她就开车进城，办完事之后就马上回

乡创英雄榜·小熊 | RURAL INNOVATION HEROE - Xiao Xiong

到村里。这是一种冲动，同时也是对自己的一种铺垫和准备。在那里度过了一年，经历了烧柴、过冬等生活琐事之后，她想：我在生活上准备好了，可以回到自己的老家永嘉，到这个中国田园诗的发源地，去过真正的田园生活了。

2014年11月，小熊找到位于郑山村的一栋旧民居，开始动工建造墟里壹号。她拥有两个本来就是好朋友的合伙人，其中一个在精品酒店行业有丰富的资源。

然而，墟里壹号在初期只有一个美好的愿景，却没有明确的商业模式。三个合伙人出于满满的情怀一拍即合，也由于逐渐认清现实而很快散伙——施工才开始四个月，就遇到各种具体问题，需要投入更多的精力和时间——本就是玩票性质的开头让三个人都没有做好全情投入的准备，于是两个合伙人选择退出，只有小熊决定再坚持一下。

"我不能接受自己的第一个美好想法就这么变成一个烂尾工程"，小熊说，她暂停了在北京的工作，继续在山上居住了三个月，她几乎做好了最坏的打算："大不了做完这个房子之后就留给自己住，或者亏本转让出去。"

就这样，墟里壹号在海拔六百米高的茗岙梯田中建成了，它拥有一个面对群山云雾的宽阔露台，三间客房都朝向东南，透过巨大的落地窗就能感受到日出和日落的更迭。景色绝美，

但地理位置偏僻，刚开始，小熊根本不知道如何集客，她只是按照自己的心意，把喜欢的乡村生活场景融入到住宿体验中。她希望每一个住客都能像她一样，得到美好的乡居体验：夏天可以在村里做杨梅酒、晒桃干；冬天可以在村里打柿子、做纱面。

这种感性的体验模式，恰恰成为墟里迅速声名鹊起的要因。在乡村度假热潮席卷全国的背景下，墟里壹号凭借其绝美的景色和安宁的度假氛围，加上对美好田园生活的精心营造，逐渐在小熊的朋友圈中获得了口碑传播，最后甚至出现了需要提前半年预定才能住到房间的现象。

墟里有自己特别的售卖方式：不卖景点卖生活；不卖单间卖整栋；不卖房间卖乡村；不卖农产品卖态度；不卖度假村卖社区——与村民、与土地共生共荣，共同发展。

而小熊自己，也在这个过程里，完成了从桃花源式的美好理想到进入真实的乡村的转身。她学会了如何从看似平淡无奇的乡村故事中提炼出真实又能打动城市人心的元素。可以说，这是乡村赋予她的一种再教育，让她更深入地理解和体验乡村生活，同时也使她更好地传达这种生活的魅力，让更多的人能够接触并欣赏到乡村的美好。

"乡村生活的基本技能本身就是一种绝妙

乡创英雄榜·小熊 | RURAL INNOVATION HEROE - Xiao Xiong

的生活体验。在这个过程中，苦乐加倍，许多收获是金钱无法买到的。通常来墟里的客人都能发现这一点。这说明，我个人的生活方式选择并不是孤立的，反而代表了一种趋势，与时代的发展是一致的。"小熊如是说。

就这么岁月静好地在乡村一边做民宿一边过生活，两年过去了，她开始听到一些朋友的期待，希望她多做几间民宿，让更多的人前来度假。她自己也渐渐形成了一个清晰的想法：乡村最珍贵的是生活，而这种生活需要一个系统或者说一个生态来支持。

传统的乡村生活是以人的聚落形式存在的，基于血缘、宗族和地域关系，才能保证村庄和传统文化的生生不息。相反，如今的城市，科技越来越发达，表面上看似不再需要这样的聚落，也不需要人与人之间的深度联系。然而，小熊说："实际上，我自己在城市生活中的迷茫和困惑，正是证明了我们内心深处对聚落的需求。城市解决不了心的归属问题，但乡村可以。"

在这个愿景的推动下，小熊在温州永嘉县和宁夏中卫市分别创建了墟里贰号和墟里·大湾村，并且设立了"乡村生活研究室"，专门研究乡村间的生活情境，想尽可能将村里那些看似平淡无奇的事务转变为有趣的体验活动，如耕种、建造房屋等。她希望来墟里的客人能够真正地过上乡村的生活，而不仅仅是体验一下。

在小熊看来，乡村的探索并不仅仅是为了商业利益，而更多地是希望为村民提供新的生活方式和机会。她的团队在墟里村落里开展了多项培训项目，包括"村妇培训""村妇创业孵化"等，并在当地政府的引导之下，以村集体成立合作社的形式，打造一二三产融合之路。此外，她还提供了工作机会，帮助当地村民销售农产品，并且在整村项目中，一部分运营收益会给到村集体和村民，实现了利益共享和共同发展。

同时，小熊也非常注重文化挖掘，她引入专业的团队对在地的民俗人文进行了深入调研，以期记录、保存、转化这些文化，赋予它们更高的价值。这种做法不仅有助于保护和传承乡村文化，也使得乡村具备了更多的吸引力，使

得更多的人愿意前往体验。

至此，小熊的乡村探索开始走出了舒适区，开始更深入的整村改造。

于是，就有了徐岙底古村落。

乡村项目的"社区"路径

研究乡村建设模式过程中，小熊曾数次研读费孝通的《乡土中国》。尽管这本书很薄，但每当小熊对照自己的事业进行阅读，每一遍都能得到更深的体悟。虽然书中的论述来自上个世纪，但其中关于乡土社会中人与人之间的关系，以及社会结构和社会制度如何落实到具体的人身上的部分仍旧具有时代的普适性。费孝通早1947年就使用"社区"一词来描绘关系的坐落之处。这个观点一再给小熊启发，她也因此找到了包括原住民、墟里团队、新乡民以及外来客人在徐岙底项目中的"社区"路径。

从运营一间民宿到尝试整个村庄的运营项目，小熊想要实践并印证费孝通的观点："社区"的概念可大可小，万变不离其宗。

从2017年开始，小熊和她的团队花费了两年的时间去寻找理想的古村落。在这段时间里，他们考察了浙江、福建、江西和安徽等地的超过100个村子。然而，其中有一半的村子她看不上，因为她觉得这些村子是被城市化洗礼过的"伪农村"；还有一半的村子虽然她很

乡创英雄榜·小熊 | RURAL INNOVATION HEROE - Xiao Xiong

喜欢，但是由于她被视为一个"无资金、无经验、无团队"的合作伙伴，因此无法得到政府的认可和支持。最终，小熊来到了位于浙江省泰顺县筱村镇的徐岙底古村落。

为什么是徐岙底？"首先，我喜欢它的偏远和古朴。泰顺和松阳非常相似，这两个地方都有许多保存得很好的古村落和古廊桥，我住在这里就仿佛回到了我小时候对乡村生活的憧憬中。在江浙一带，宗族的力量很强大。虽然我没有在乡村完整地生活过，但每逢节假日我都会回到老家。我童年记忆中的乡村是被美化过的，每次回乡，都会被当作远方的亲戚款待，乡村的亲情、丰盛的食物和美景都在我心中留下了美好图景。然而，随着中国农村的城市化进程加速，高速公路的开通，经济发展成为最主要的诉求，农村在文化断裂之后带着强烈的物质欲望，慢慢失去了那种纯真和美好。我小时候回乡时看到的楠溪江三百里的生态系统，已经很难再看得到了。"小熊说，然而，她心中失落的乡村却仍残留在徐岙底——这是一个远离商业机会的村庄，原住民仍然在此生活，同时，这个800年古村还保留着38栋废弃古宅。尽管古村里的居民已经只剩下几位老人，但这个村庄仍然保留着它独特的生命线索和历史脉络。

由偶然机会结识的北大校友，一位高校教师的牵线搭桥，小熊得以与泰顺县主管领导进行对话，讨论乡村振兴的新思路。她也请求与县委书记进行面对面的交流，并应政府要求动员墟里的整个团队去做古村落改造规划并进行汇报——经过两次汇报之后，政府跟她签了合同。

"后来我们熟了，政府领导告诉我，在我之前有很多人曾经来谈过合作，但他们选择我

们的原因，一方面是我们的态度非常真诚实在，另一方面是觉得我们不是只管政府要钱，而是拥有一个商业价值和社会价值并重的思路。"

入驻徐岙底之后，小熊也逐渐发现，这份相互的欣赏和认同，除了来自于墟里之前的运营经验，更多的是源于对人的理解，她理解了泰顺的人，因此，泰顺的人也接纳了她。

经过很长时间的研究，小熊和她的团队发现，泰顺是一个特殊的地方。在南北朝和南宋时期，许多为了躲避战乱的人们迁徙到此。偏远的地理位置和多元的民俗共同构成了这里独特的传统文化，这些文化至今在此得到了很好的保留。即便在今天，在泰顺，每个人都有一个可见的外部世界和一个不可见的内在世界，他们所有的外部努力，都是为了寻找并连接内在的世界。简而言之，这是一个依然保留着完整的传统世界观的地方，也是孔子所言"礼失求诸野"的"野"所在。

小熊向我展示了正在筹划的乡村丛书《墟里生活指南》的创刊号《泰顺》策划案。在其中有一个名为"一次破案"的地方志板块里，讲述了一个泰顺本地的警察的故事。这位警察同时也是一位文史爱好者，他运用侦破案件的思路来解析泰顺的"文脉"，探究这份文化遗产是如何一代一代地从祖先手中传递到新一代手上的。

从一开始，小熊对徐岙底的规划就远超过一个村庄的范围，她的视野更宏大，目标是塑造以徐岙底为轴心的乡村社区模式，前期社区1.0版本只聚焦于一个村子，慢慢延展到附近的乡镇集群，希望以此模式为泰顺带来新的经济发展和文化繁荣。

小熊是一位具有法律背景的乡村运营者，她心中有一个精确的天平，对于商业化的事务，她并不向政府寻求资金支持。虽然她直言自己对乡村的规则和有效的秩序还不是足够了解，但是她的法律专业训练赋予了她界限划分和底线思维的能力，而且因为她从小规模开始，有时间缓冲作为铺垫，试错的成本也相对较低。在她看来，政府通常有很多不同的资金渠道，因此她一直坚持遵循市场规律，以商业的方式来消化商业问题，但与此同时，她也会以无可厚非的理由向政府申请商业项目之外合理的资金支持。这种平衡的态度在她的乡村振兴事业中起到了有效的作用。

小熊一开始回到乡村时，发现她的法律专业知识在这里似乎并没有太大的用武之地。然而，随着时间的推移，她发现在徐岙底项目中，法律专业训练的思维方式开始产生越来越深远的积极影响。

"比如之前我们和左靖老师合作开展一个泰顺县内地方文化梳理项目，早期找政府提供了资金支持，到后面文化梳理工作开始探讨商业转化的可能性，并找到了红曲项目的出口之后，我们就细分项目，把展馆等可以有政府资金出口的部分匹配给政府，把策展、外地巡展等没有资金出口的部分通过商业运作消化掉。"小熊认为，乡村的资金问题实际上是一个结构性的问题，必须与政府站在一起，才能使资金投入产生合理且有效的持续发展的可能性。

小熊深知，要成功运营有着800年历史的古村徐岙底，商业价值和社会价值必须并重，并形成一个整体。她告诉政府，不能将这个项目作为开发商下乡来看待。在她提交给政府的方案中，提出了一种结构化的分类投入预算，墟里对商业部分的投入和风险全部承担。小熊估算了一下，这个古村有38栋空置的古建筑，总共16000平方米，差不多需要近1亿元的投资。在她的规划中，政府投入五千万，用于支持数字游民或创孵中心、乡村教育、手工艺和民艺创新中心、展览馆等基础设施建设，分阶段、按比例投入。剩下的五千万，她和团队自己投入两千万，其余三千万通过共创和共建的方式筹集。

"我把自己的风险值放到最大，承担百分之二十，算是有了个交代。并努力说服我的共创伙伴，中国城乡关系的改革势在必行，墟里社区今天的探索里，藏着中国乡村通往未来的密码"，小熊对此充满信心。

"一个中国人理想的一生"，小熊说，"一定是幼年在乡村，青壮年进城，到了一定阶段之后，就是回到故乡。"

（文／张君会）

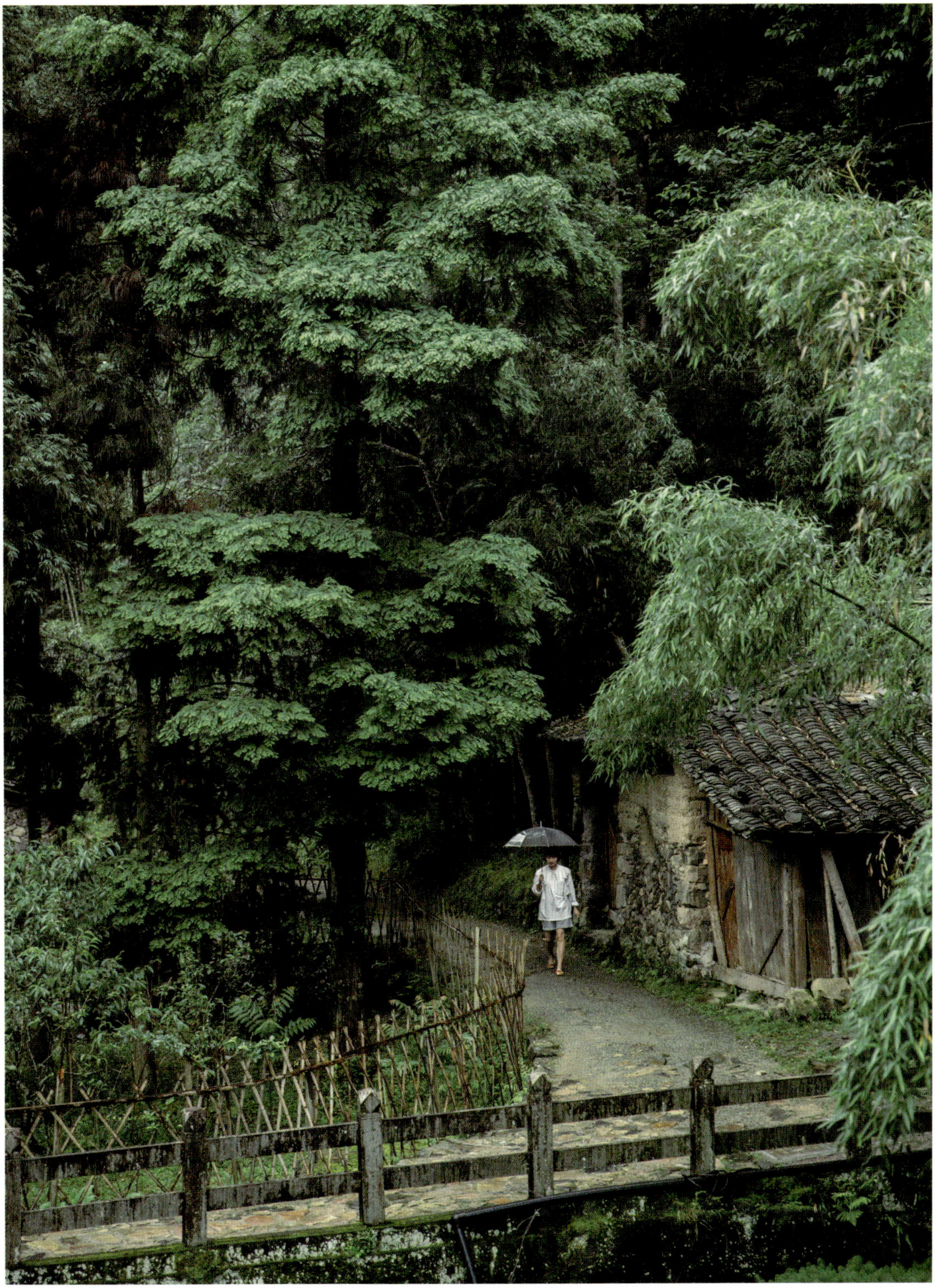

乡创英雄榜·俞孔坚 | RURAL INNOVATION HEROE - Yu Kongjian

俞孔坚
一个北大教授的乡村实验

YU KONGJIAN: A PEKING UNIVERSITY PROFESSOR'S RURAL EXPERIMENT

带着学生深入乡村,"望山生活"在全国各地发芽,
他要给"故乡畸形的城镇化"治病。

乡创英雄·**俞孔坚**

RURAL INNOVATION HEROE - YU KONGJIAN

北京大学建筑与景观设计学院院长

北京中轴线上，烟袋斜街附近的一条胡同里坐落着一个古朴而典雅的院子，坐在其二楼的露台上，可以近距离坐拥鼓楼景观。这里被命名为"北京荷田书苑"，由清代传统两进四合院整体修建改造而来，现已成为京城一处具有新生命的古建筑代表案例。

如今在它临街的一角，被改造为一间"望山生活馆"，整面墙摆满了琳琅满目的植物标本，这些与众不同的文创产品，源于自然，是对可爱的植物的再生与利用。

而在这个院子的深处，有一处设计充分展示了其独特气质：那是一面由石块、苔藓和蕨类植物构建的生态墙。整个墙面只依赖植物和水的循环来调节室内的微气候，使得整个空间冬暖夏凉，在潺潺的水声中，这个院子充满了生命力，恰如现代版的"市中山居"。

荷田书苑的设计充满了景观设计学的智慧，它的设计者正是北京大学建筑与景观设计学院院长俞孔坚。

俞孔坚还拥有许多大名鼎鼎身份，诸如哈佛大学设计学博士、美国艺术与科学学院院士、长江学者特聘教授等等。在他创办的土人设计公司里，一个巨大的柜子里摆满了他在专业领域获得的各种奖项：他曾十三度荣获全美景观设计奖，七次蝉联世界建筑节全球最佳景观奖，三次获得国际建筑奖，还获得了 ULI 全球杰出奖和第十届中国美展金奖……

早在 1997 年，俞孔坚从美国回到中国，主持创办了北京大学建筑与景观设计学院。此后，他在全国 200 多个城市和 10 多个国家中主持实施了 2000 多项工程。而他独特的景观设计理念，更是使他在全球范围内赢得了广泛的声誉：他提出了"反规划"的理论，深入影响了中国的生态文明建设和新型城镇化发展；他主张城市建设需要进行一场"大脚革命"，通过建立生态基础设施来综合解决土地问题和生态问题。同时作为"海绵城市"理论的先行者和实践者，俞孔坚教授目前正在中国进行的探索与实践引起了全世界的关注——2023 年春天，Netflix 的一个拍摄团队专程飞到中国对俞孔坚进行拍摄，计划在一个旨在展现地球水生态现状的纪录片里，介绍他的海绵城市理念，这个纪录片采访了全球代表性的生态人士，而俞孔坚是唯一受访的中国人。

尽管已经在城市建设领域取得了巨大的声誉，但作为一名对环境和生态充满关怀的专业人士，俞孔坚并没有将视线局限在城市。在他近几年的项目中，我们可以发现他把大量的时间和精力投入到了中国的乡村建设中。多年来，他一直在大声号召人们回归大地、留住乡愁，他有一个观点："逆向城镇化实际上是城镇化的一种高级阶段，在中国经历了一段局部和缓慢进程之后，到了近年将演变为一场不可忽视的、爆发式的浪潮——'新上山下乡运动'。"

如今，我们眼前的这个北京望山生活，只是俞孔坚在城市的中心地带打开的一个小窗口，这也是他的一场对于当代社会的"诗意栖居"的实验的开始。这个小小的窗口可以视作一个总部，

从这里辐射到全国各地，在中国广袤的农村土地上，俞孔坚经过多年的实践，已经在"望山生活·西溪南"和"望山生活·婺源"等地，摸索出了一个北大教授的专业而成熟的乡村振兴模式。

带着学生去乡村

俞孔坚认为，随着中国城市化的深入，整个社会实际上在寻求一种新的生活方式，即从城市化向逆城市化转变。在欧美所谓的逆城市化就是郊区化，城市往郊区蔓延，实质是城市的蔓延，大量侵占土地。那么，在中国逆城市化应该是个什么形式？多年来，俞孔坚试图从专业学术角度来探讨中国城市未来城镇化的模式，以及人们未来的生活方式，最终他得出结论：乡村。

视线转移到了乡村，他发现了当下乡村建设的一些问题："中国的乡村改造已经进行了10多年，但失败的案例居多，修修补补，涂脂抹粉，都是些形式化的建设。应该有一个可持续的模式，这个可持续模式是什么？应该如何改造现有的乡村？如何设计一个满足现代人生活方式的空间？如何保护和利用乡村文化遗产？如何治理它的生态环境？"这一连串的问题串起来，俞孔坚打造出一个模式：望山生活。

乡创英雄榜·俞孔坚 | RURAL INNOVATION HEROE - Yu Kongjian

望山生活已经在实践中取得了醒目的成果。在安徽黄山的西溪南，这个2015年之前没有任何游客的村庄，如今已经成为黄山地区第三大旅游目的地，每天接待的游客达到2万人，乡村振兴效果之速堪称奇迹。该村自2017年被列为省级特色小镇后，2019年又荣获了全国乡村旅游重点村的称号；而在江西婺源的巡检司，望山生活成功完成了农产品的优质优价转型，为当地村民创造了实实在在的经济利益，使得村民收入提高了70%，并吸引了大量流失的年轻人回乡工作。如今这里已经成为乡村振兴现场教育基地，展示了乡村振兴的巨大潜力。

多年前开始，他在北京大学开设有一门名为"乡村与农业景观规划设计"课程，旨在将乡村振兴的理论与实践结合。他早已敏感地意识到：不光是城市需要设计，乡村更需要设计。

按照他一贯的"知行合一"的教学理念，他决定将这门课程带到实际的乡村环境中去开展，让真实的乡村振兴和设计成为一个实际的案例研究。他认为，纸上谈兵是不够的，学生需要一个真实的实验基地，才能够对农村的问题进行全面深入的了解。

"景观设计这个专业，以前的学生出去实习，一般都会选择大城市，比如去苏州学习古典园林设计等。但我的教学理念却是要让学生回归自然，从乡土文化中获取养分，与土地实现和谐共生。这些都是我最初的设想，我希望找到一个地方，作为北京大学学生的实践教学基地。"俞孔坚如是说。

2014年9月13日，俞孔坚首次踏入安徽西溪南村，其实他是被介绍到这里来"解决问题"的：一个开发商在村里购买了大量的房产，包括祠堂、粮仓、学校和众多老房子，准备进行旅游开发。然而，由于资金链断裂，项目没有带来任何经济效益，不能再继续下去。更糟糕的是，由于包工头拖欠工资，开发商欠下了大量债务，导致村民上访。开发商急需找到接手的人，地方政府也同样急切。

当俞孔坚走进这个村庄时，他发现了他所设想的中国乡村面临的各种问题在这个萧条的村

庄中都显而易见：经济萧条，环境被破坏，房屋倒塌，只剩下老年人，年轻人都已经外出，社会结构严重老龄化……当时的俞孔坚，为了寻找一个理想的教学基地，已经在全国各地考察了许多地方，但他意识到：这里是最符合理想的。

俞孔坚选择西溪南村作为望山生活的第一站，主要有两个原因。首先，他预见到这个地方未来的交通条件会非常好。虽然在 2015 年的时候高铁还没有通到这里，但从规划师的专业角度出发，他预见到未来这里到北京和上海，以及杭州等大型城市建立的交通便利。因此，这个地方会更容易发展起来。其次，这里既有丰富的文化遗产，又有优美的自然环境。这里是历史上最富庶的地方之一，众多历史名人，比如祝枝山和唐伯虎，都曾在这里留下足迹。此外，这里的古建筑也非常有代表性，第一栋被列为国家文物保护单位的徽州民居就在这里。

基于这些考虑，俞孔坚又前后考察了 5、6 次西溪南，最终决定把这个地方作为他的望山生活项目的第一站。在本质上，望山生活的诞生实际上是俞孔坚的一个设计实验，一个真正解决乡村的问题的实验。

俞孔坚在西溪南村的工作显现出了他对教育和设计的深度关注。他在这里做的第一件事，就是将闲置的学校和粮库改造成了研学基地——土人学社。这个项目自 2016 年启动以来，以设计、建筑和自然教育为中心内容，开展国际化的乡村设计研学活动，不仅局限于北大的学生，还吸引了来自哈佛大学、南加州大学、布法罗大学，以及英国 AA 建筑学院等多批建筑与景观设计专业的学生纷纷前来。迄今为止，这里前后开展了超过 200 场的活动，数十位来自哈佛大学和剑桥大学等国际知名大学的教授在这里授课。此外，北京大学还在此获得了两项博士后研究成果和三篇博士论文，以及五届近百位研究生的研习和设计课程成果。

俞孔坚在西溪南做的第二件事，是把旧的村公社改造成了一个精品度假酒店，并为它取名"荷田里酒店"。这间酒店在 2015 年开业，成为村里的第一家民宿，并引入了服务业。接下来，

乡创英雄榜·俞孔坚 | RURAL INNOVATION HEROE - Yu Kongjian

他又把老祠堂修复为对外窗口——望山生活馆。这些改造不仅带动了当地的旅游业，也给当地的人们带来了新的生活方式和经济收入。

俞孔坚的乡村振兴策略非常注重当地文化和环境的保护和恢复，他的原则是"保育本底、植入激活"。所谓保育本底，是把西溪南村庄的本底，也即古徽州民居的本底都完整地保留下来，在此基础上再植入新的建筑。他认为，新的建筑和旧的建筑应该共存和融合，而不是像乌镇那样，把原有的建筑全部拆除并重新建设，同时把本地人全部移除。他的理念是，尽量保留，然后通过植入新的活力来激活整个社区——植入公共建筑，植入文化教育，植入新的业态，植入新的生活方式。这样的思维模式，也是作为北大教授的俞孔坚投身乡村振兴与其他人最大不同的特点，他既有人文情怀，同时也是从教育者和专业设计师的视角来规划了这一切。

俞孔坚还有个理念，即"与民共荣"。这就是说，不与民争利，他的项目要让当地的居民也能从中受益。因此，荷田里酒店开业后，村民们也纷纷开设了自己的民宿，如今达到50多家，整个村庄的经济状况得到了提升。俞孔坚认为，他所做的很多事情，如精品酒店、文创产品、教育研学等，都是村民难以做到的，但他希望通过引入这些高端产业，将人流、学生和高端客户引入乡村，从而帮助村民开设自己的生意，增加收入，实现共同富裕。

俞孔坚还通过他的保护和发展策略，在西溪南村实施了一项全镇的保护与发展规划。其中一个关键的想法是建立一个水遗产廊道，这个廊道成功保护了村口的风水林与河滩枫杨林，使西溪南村形成了独特的森林栖息场所。

西溪南的望山生活还在持续发展和壮大。一些旧的住宅地正在被改造和建设，更多的教育人员正在参与到研学中。此外，还有更多的业态正在被引入，例如大师工作室和艺术家工作室，这些都将进一步丰富和活跃这个乡村社区的生活。

几乎是在进入西溪南的同一时间，望山生活也来到了江西婺源的巡检司古村。这个开满了油菜花、宛如世外桃源般的美丽村落，由于其"诗意的栖居"的特质，曾被俞孔坚用作为自己的著作《理想人居溯本》的封面。

近些年，随着工业化和城市化的步伐加快，巡检司长期以来的自给自足机制以及传统的农业生态景观受到了破坏，人口大规模外流，当地面临逐渐凋敝的困境。

2015 年，俞孔坚带领他的设计团队受邀来到这里，继续践行它"看得见山、望得见水、有乡愁"的生活方式，2018 年，巡检司的望山生活完成了首期建设。

在这里，俞孔坚同样运用了三种策略：一是植入新的建筑；二是改造原有的废弃破旧的老建筑；三是重建已经破损严重无法修复的建筑。与此同时，他利用这三种模式带动村庄的有机生长，提高当地人的文化意识，促进村民的就业，也包括包装和销售当地特产。这些都是他持续引导学生们进行研究和参与的课题。

俞孔坚通过望山生活践行的这种乡村振兴策略，兼顾了对历史文化遗产的保护和对现代生活方式的引入，为乡村振兴提供了一个全新的视角和模式。在保护和发展之间找到平衡，不仅可以帮助乡村社区持续发展，还可以让城市居民有更多机会了解和接触乡村文化，从而让乡村振兴成为一种全社会的事业。

"望山生活"与它背后五位一体生活方式

对于俞孔坚而言，尽管西溪南和巡检司由于地理位置和实际条件的不同，在设计实施上存在一些差异，但它们的最终目标是一致的。如今，望山生活还在全国各地如浙江金华、云南大理等乡村中，探索着各自的独特可能性，其追求也始终如一：创造一种诗意的栖居，一种城市无法提供的生活方式。

那么，"望山生活"所倡导的又是一种怎样的生活方式呢？

首先，这是一种与自然和谐共存的生活方

乡创英雄榜·俞孔坚 | RURAL INNOVATION HEROE - Yu Kongjian

式。推开门，眼前便是一片油菜花海，广袤无垠的田野，以及古老樟树；在这里，土生土长的村民就住在隔壁，清晨鸡鸣，夜晚蛙叫，远离城市的喧嚣，沉浸在大自然的怀抱之中。这些元素构成了俞孔坚心中诗意的栖居，这种生活方式满足了人们对美好、对自由的追求。其次，自然需要通过设计来实现。例如在婺源，将原先封闭的建筑改造为开放的窗户，使人能与外界环境融为一体，同时让阳光自然进入，这就是通过设计来引入自然。

对于打造这样的生活方式，俞孔坚既充满理想和人文主义，同时也具备实用的逻辑。他的商业逻辑中，始终存在一个基本前提：谁来居住？

"我们的目标一直是吸引城市居民来乡村消费。这也构成了我们的商业逻辑。只有借助城市居民的高消费，我们才能将资金留在乡村，从而促进乡村的发展。这就是我们的工作逻辑。我们旨在满足城市居民对美好生活的期望，但并不是真的让他们迁居到乡村，而是通过我们的设计，为他们创造一种最舒适自由的生活方式，让他们在乡村消费这种生活方式，把钱留在乡村，从而推动乡村振兴。这就是我们的模式。"

作为一位城市规划设计专家，经过多年的专业领域研究，他还发现：是生活方式决定了地球的状态。因此，他希望创造一个健康的自然和农业生态系统，获取自然提供的生存必需品，如空气、水和健康的绿色食物。在乡村，他和他的团队鼓励农民不使用农药，推动绿色生活方式，从而带动绿色产业的发展，同时也治理乡村的污染。

让俞孔坚引以为豪的是一款名为"望山毛峰"的茶叶。这款茶生长在海拔 1000 米以上的高山野生茶园中，源自黄山毛峰的发源地。尽管它一直是绿茶中的上乘之选，但因为价格问题，一直无法得到好的销售。黄山毛峰的第五代非遗传承人谢一平找到俞孔坚，向他坦诚自家茶园的困境：由于采摘成本高昂而市场价格低落，这片茶园已经 45 年没有进行过采摘。他希望能和俞孔坚合作，将这款茶叶销售出去。

为此，还在疫情期间，俞孔坚就特地前往黄山考察了谢家的茶园。他向谢一平分享了自己的绿色生态理念，请求他专门生产绿色无污染的有机茶，并为此命名为"望山毛峰"。望山毛峰，是透过茶叶看见绿水青山，让人品味到真正无农药、无化肥的健康茶。结果，这款茶叶的售价高达每斤 2 万多元，一茶难求，因为它真正呈现了青山绿水的原始风貌。

在婺源，望山生活还推出了另一款红茶，

名为"望山鄣顶"。这款茶同样产自海拔 1000 米以上的茶园，自宋朝时期便是皇室贡茶。然而，与黄山毛峰面临的问题类似，采摘成本高昂而市场价格低落。在改变策略实行绿色生态种植后，这款红茶的售价也高达每斤 2 万多元。

茶叶的问题，其实并非仅仅关乎茶叶本身。"望山毛峰"和"望山鄣顶"这两款茶叶，无疑是俞孔坚引以为傲的成功案例。然而，它们背后体现的，是如何将生态价值转变为实际经济价值的问题。这也是俞孔坚多年来一直坚持并提倡的观念：绿水青山，其实就是金山银山。

望山生活的文创艺术产品也是如此，在大地上捡来的一个松果，经过艺术加工可以变成一个产品，就实现生态价值的转换了，也是把绿水青山转化成金山银山。如今的望山生活馆了，与其说是贩卖产品，不如说是展现一种转换。

总的来说，望山生活倡导的乡村振兴理念，是一个五位一体的有机系统。除了"诗意栖居"之外，还包括"生态优农""自由行旅""研学启智"和"文创艺术"用文化体现自然，是望山生活五位一体的生活方式的核心。

"人类正在破坏地球，我们的生活方式不够绿色、不够生态、不够健康，导致自然环境被破坏。如何扭转这种局面呢？唯一的出路就是改变我们的生活方式，创造一种不同于现在的生活模式。"俞孔坚说，"我在这里要强调的是，

乡创英雄榜·俞孔坚 | RURAL INNOVATION HEROE - Yu Kongjian

只有建立一个健康的生态系统，我们才能拥有健康的生活方式，进而保护好健康的地球，才能有健康的人类。田园应有其健康的生态系统，因为人的健康与自然的健康是密不可分的。"

今年1月，俞孔坚出版了他的最新著作：《大脚革命与新桃源》。在后记中，他说自己来到北大整整26年，只为一件事而奔忙，就是"还我一个美丽的故乡"，他如此写道："1980年，我离开故乡时，村边的白沙溪水清如镜，甘甜可饮，鱼翔雁飞；村西头的大樟树，古老却枝繁叶茂，掩映白墙黑瓦；村南头的松树林，蘑菇飘香，野花遍地，栖息着祖先的灵魂；村中的七口水塘，盛满故事，映照着早晚在这里聚集的乡民……一个美丽的故乡！可这一切就在我准备回国的那一年都已经消失殆尽！而与这一切同时消失的还有北大校园东侧街上那白杨树的高亢和伟岸；北面的玉泉河及清河的蜿蜒和妩媚；北京城平安里大街和胡同里四合院的静谧和深沉……整个中国正在经历一场轰轰烈烈的城镇化运动！面对不可否认的功绩，我却看到了其中诸多的畸形与病态。于是，我毅然决定回国，回到故乡，为使故乡避免更多的病痛，拯救故土的一方美丽而尽力。"

而如今，在中国广阔的大地上，他的"望山生活"正在生根发芽，实践着他"给故乡畸形的城镇化治病"的坚定的初衷。

（文／库索）

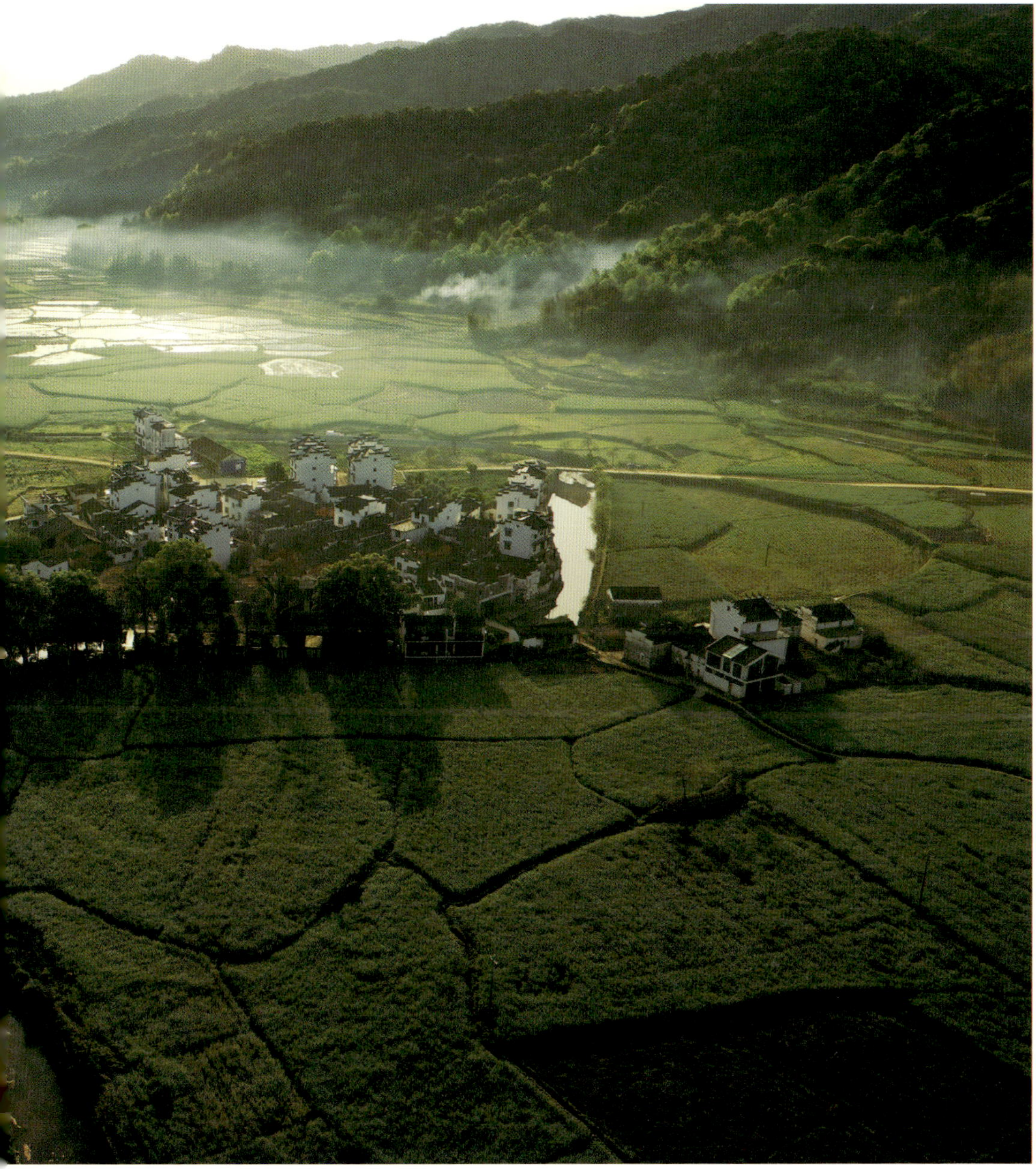

乡创英雄榜·王求安 | RURAL INNOVATION HEROE - Wang Qiuan

王求安
每位村民心中都有一座理想住宅

WANG QIUAN: IN EVERY VILLAGER'S HEART,
THERE IS AN IDEAL HOME

在中国农村，还有 6 到 8 亿人没有被设计服务过。

乡创英雄 · **王求安**

RURAL INNOVATION HEROE - WANG QIUAN

北京安哲建筑设计事务所创始人

每一位村民的心中都有一座理想的住宅，但是大部分人，包括村民自身都无法完整描述出它的样子。

王求安遇到过一位项目委托方，委托方是从一处乡村走出，在外打拼后功成名就的村民。这位曾经的村民在城市里买了两栋别墅，然后拆掉了一栋，将其改造为庭院，另外一栋也进行了重新的设计装修，可即便如此，他依旧没能得到自己理想的住宅。

"即便在城市中严苛的限制条件、各种物业的干涉下，他们还是会努力地去打造自己心中的理想住宅。"王求安如此讲到。

那些依然留在乡村的村民更是如此，他们终其一生都在建造自己的房子。大多数村民青年时便想着把父辈建的房子拆掉，改造成自己想要的样子，他们在外地打工后回到村子里，重新盖了一座自己的房子，而当房子盖好不久，他的儿子又会去重复这个过程。

村民们祖祖辈辈都在追寻着一个问题的答案，到底怎样才是一座理想的房子？这个问题不仅仅村民在询问，政府在询问，建筑师也在询问。

王求安在27岁时卖掉了北京的房子，从零开始学习建筑，2015年创立安哲建筑，从接到第一个乡建项目开始，王求安便一直在思考村民想要的建筑到底应该是什么样子，或者说怎样的模式才能够真正设计出村民想要的家。

传统的乡建模式以政府为主，政府出钱出力，村民只需要在最后收到成果便好。这样的模式简单快捷，在实际的项目推进中也有许多政府干部让王求安觉得十分感动，很多县长与书记每周都会去施工现场观察项目进度。但在项目完成后，村民却不买账，虽然围墙、外墙被重新粉刷，村子的整体面貌得到改善，但是村民的实际需求并未得到解决。乡村振兴项目对于村民的生活而言与其说是一种改善，更像是一种打扰。

于是王求安在不断的探索中进行尝试：今天的乡村建设，是否可以以村民为主体，让村民也全程参与到自己的生活环境建设之中？

面对三种村民，以"人的问题"为主体

"以村民为主体的乡村实践"并非只是一句口号，将乡村建设的主体由政府转向村民，其中需要面临的困难与阻碍让人难以想象，这不仅仅是观念上的转变，同时也是工作方法上的变化。

习惯于跳过村民，直接与政府对接的设计团队在初次面对村民时往往都会手足无措，因为对于很多村民而言，规划团队与设计团队往往与"欺骗"一词挂钩。王求安还记得几年前与数个设计团队来到河北的乡村进行调研时，

经常有团队被村民驱赶，在某些夸张的情况下，甚至会遭遇拳打脚踢。

乡村是一个复杂的群体集合，在王求安的观察中，每当一个乡村面临变化，村民往往会分成三种群体。

第一类群体往往由在外务工后回乡的村民组成，因为这类群体常年在外看到了世界发生的变化，所以对于新事物的接受能力会更高，同时也明白即将发生的改变能够为他们的生活带来积极的改变，所以自然也会用积极的态度来面对外来事物带来的变化。

第二类乡村群体往往由几个人、几户人家组成，他们在村子里相对弱势，对外界往往怀有敌意。他们当中有些是因为若干年前自己的诉求没有得到合理的解决，或者是若干年前村中的物资分配对他们有所不公，导致此后在潜意识中将自己的村子里的位置定义为一个被欺负的角色。因此在面对可以影响一个村子的改变时，往往会像害怕受伤的刺猬一样本能地露出自己的尖刺去保护自己的权益。

而在乡村之中，最广大的群体往往是最沉默的群体，他们往往会使用一种围观式的姿态

乡创英雄榜·王求安 | RURAL INNOVATION HEROE - Wang Qiuan

与心情去观察即将发生的变化，在观察中权衡事情的利弊。如果外来的设计方能够拿出证明乡村改造对村民有利益的强力论证，村民便会去支持；如果项目在建设过程中遭遇到了困难或者反对，他们同样也会认为正在进行的项目是错误的、不应该推进的。这不禁让人联想到姜文的电影《让子弹飞》——谁赢了，他们跟谁。

在乡建工作中，建筑师往往扮演了村民与政府之间的协调者，如果一项工作想要成功推进，就需要村民与政府两方面的全力配合。"除了和不同的村民打交道外，我们在乡建过程中接触到的乡建干部也可以分为三种。"王求安说到。

第一种乡村干部与王求安相见恨晚，在看完过往项目资料后，马上就会邀请王求安调查自己管辖范围内的情况，并开展乡村实践；第二种干部会认可王求安的工作方法，但是也许会因为实践较为困难，也许是因为之前遇到的拆迁项目已经足够让人头痛，所以对于如今的实践也仅仅只能停留在一句赞赏；第三种干部则更加"佛系"，对于乡村实践项目没什么兴致。

因此在乡村建设中，最重要的问题永远都是"人的问题"，王求安将四分之三的时间花在了前期关于"人"的研究上，只有解决了"人的问题"，才能获得从上到下各方面的全力支持，剩下的工作推进才能变得顺畅。

让最反对的村民，成为最大的支持者

在乡村建设中，最大的困难便是调节和平

衡各类群体的需求，做到公平公正。

为了做到这一点，王求安每次都会选择一个村落开村民大会。"一般第一次的村民大会只能开不到 10 分钟就会散场，因为大家在初次开会的时候更喜欢将从前的事情拿出来，互相争吵。"王求安说，村民往往会把 10 年前甚至 20 年前的事情摆出来讨论，而不是当下的乡村振兴。

虽然初次的村民大会往往会不欢而散，但无论怎样，王求安都会组织村民把当地的村民微信群组建起来，"一般一个群里有 200 到 300 位村民，虽然有些村民在开会时很抵触，但是因为看见书记、县长、村领导都在里面，所以他们也会加进去。"王求安说到。

大家有什么事情都会在群里畅所欲言，开始的几周群里的发言各种各样，有支持、有反对，也有争吵和辱骂，契约文件、照片、录音也都全都丢在群里。同时乡村会议也没有停下，每隔一段时间村民都会有新的意见。

接下来王求安会找到几户支持他的村民，询问他们对于房子的真实述求，针对每个需求进行一对一的沟通，为每户村民打造一个样板，经营每户村民最擅长的业态。在挖掘到每户村民的闪光点与需求之后便会开始设计、动工，当工人开工后，村民的微信大群便会变得十分安静，因为亲眼看见了邻居家翻天覆地的变化，那些一开始反对的人，在内心也会开始慢慢认可。

但有些之前反对的村民碍于面子，又不会公开支持改造方案。这个时候王求安就会建立一个小微信群，里面只邀请了村民的家人，这个时候村民才会向他说出许多内心深处的想法：比如房顶一定要比邻居的高、招财位一定要比邻居的强……在诸如此类的问题和需求得到解决后，最初反对的人也会加入到支持的队伍之中。

"其实一开始持反对立场的人，最后支持的力量反而是最强大的，开始是我们没能解决他们情绪背后隐藏的问题，当真正的问题得以解决，他们也就没有理由反对了。"王求安总结到。

"以村民为主体"一方面要估计村民的感受，另一方面就是要让村民也参与到建设中来，发动他们自己去做。

王求安会用三个小时的时间为村民们讲一场大课，讲解过往的成功案例。因为项目的详实，每个镇、每个村都能在其中找到与自身相关联的案例。三个小时下来，无论是村民还是领导都觉得十分有趣，贴近他们的生活。

之后政府会找一辆大巴车，载着七八十个人出去看一些已经成功的乡村振兴项目，用接近半个月的时间去亲眼看到乡村的变化。这样的旅途非常辛苦，但村民会觉得十分兴奋，因为当他们看到有些村子的条件原本比他们差很多，但却因为乡村振兴的介入，使得原本破败的村庄能够通过设计的价值增加旅游收益，使当地村民的口袋能够鼓起来，甚至会有村民回来兴奋地对同村人讲："我们是在捧着金饭碗要饭吃！"

从每平 800 块，到大山深处的天文台

王求安与村民打交道的经验，也是在实践项目中逐渐摸索出来，最终得到了行之有效的方法。

安哲建筑从 2015 年开始设计湖南常德洞庭渔村规划设计项目，当时很多村庄都是沿道路而发展，高速路两旁逐渐形成了新的村落形式，而这种村庄往往存在很多环境及安全问题。道路两旁的居民，尤其是在国道、省道等主干道两侧，来往车辆的噪音、尘土将令村民不堪其扰，夜晚的车灯也将成为该村庄不可避免的光污染。若仍然依照"房屋——道路——房屋"这种模式进行新村规划，那么必然会在"新"村出现"旧"问题。

针对这一问题，安哲建筑在整体规划中将原有的小水塘进行了扩展，在道路两侧分别设置了水面较大的鱼塘，以此来过滤噪音与尘土，并有效的隔离了夜晚车辆对村庄的干扰。

并且在与村民的交流中，王求安发现除了环境问题，更重要的是村民对于自建房的经济承受能力并不高，方案需要在压缩造价的同时保证质量和美观。于是王求安在几十户村民中选出了

10个理事会代表，开会、参观，他们先后去了湖北、陕西、湖南等若干个村子，最后找到了一个湖北的施工团队。在建筑材料价格疯涨的环境之下，将设计人工和材料总造价低至800元每平方米，将乡村打造为村民负担得起的真正"新"村，令村民将来在这里安居乐业而不会望而却步。

而在2023年亮相第18届威尼斯双年展的陕西留坝县"四个一百"工程中，在保证乡村建筑质量、美观的前提下，还为乡村增添了浪漫的童话氛围。

在高高低低的3D建筑模型中有一座最高的建筑格外显眼，那是2023年6月1日在火烧店落成的陕西第一个乡村天文台——"秦岭"乡村天文台。建筑像是一艘即将发射的火箭，5米直径的天文观测圆顶中，内置一台大型折射152MMAPO双筒专业级天文望远镜。

2021年的下半年，他受留坝县政府的邀请，为当地升级的民宿和农家乐设计房子。当时，留坝县委、县政府出台《留坝县"四个一百"工程建设实施方案》，利用三年时间在全县"培训百名管家、提升百家农家乐、新发展百家民宿、推动百人创业"。在这期间，王求安为喜欢木工的村民家庭设计了民宿"朴匠"，为返乡创业的大学生谭悦设计了民宿"书与田"，为喜欢娃娃鱼的何建军夫妇设计了"松间"……至今，王求安团队在留坝改造的民宿以及农家乐已经有 130 多个，平均每户投资都在 50 万以上。

同时王求安也将自己对于童年的感触与幻想安置在了留坝县的火烧店中，火烧店全域森林覆盖率超过 92%，人口密度小、光污染少。当王求安第一次看见火烧店的夜晚，便唤醒了记忆里的星空。于是，王求安决定在这里建造一座天文台。

"我在 10 岁之前没有离开过自己的村子，会以为远处的大山就是世界的尽头，天空也是被山擎着的，后来 10 岁第一次去县城后，才知道世界不仅仅只有那么大。再后来去北漂，去过很多地方旅行，自身的世界也越来越宽广。"王求安感慨到，"一个人对于世界边界的认知会对一个人的一生产生深远的影响，所以我会想让那些村庄里的孩子从小时起就能看到更远的世界。"

天文台还在建设时，便已经成为了火烧店的"流量"入口，甚至有机构计划将火烧店打造为"中国首个乡村星空小镇"。随着也延伸出了更多可以仰望星空的场所，很多营地与屋顶的天台将"星空"作为卖点，发展起小镇的星空经济。

有 6 到 8 亿人，还没有被设计服务过

在王求安看来，无论是乡村本身的经济，还是乡村的建筑市场，都有着更多可能。

"比我们规模更大，运行机制更成熟的设计院与工作室还有很多，但是各地的政府还是愿意千里迢迢找到我们，因为我们可以解决乡村建设中的痛点问题。建筑市场并不悲观，相反，人们太需要能够帮助他们解决问题的建筑师了，毕竟全国的农民群体有 6 到 8 亿人，他们还从来没有被设计服务过。"在王求安对于乡村的观察实践中，慢慢发现了村民们隐藏的闪光点，成为他设计的灵感源泉。

很多人对于村民家庭的第一印象可能是躺平、破旧的家具、散乱的被子、堆放的杂物，但如果仔细观察，就能找出其背后的原因。有很多村民一辈子都生活在村里，拿着微薄的收入生活，当城市价值观的冲击到来，看见返乡的同村人在过年的时候带回家的丰厚的薪水，便会很容易让村民认为自己的乡村生活没有意义。

但事实上，每位村民在心底还是希望自己生活的价值能够得到寄托，而王求安所做的，就是尽力挖掘出他们的闪光点、他们独特的能力。比如发现哪位村民喜欢种花，王求安就会把他的房子设计成一处花房；哪位村民喜欢木雕，王求安就会把房子的某些空间改造成木雕工作室。当村民们独特的情感和能力得以在现实空间中被投射，他们便会把这种情感和能力延续下去，对自己的生活变得越来越有信心，进而感染到其他村民和游客。

"我希望大家都去做自己擅长的事情，而不是一个业态火了，就整个村子只做同一个业态，那样一来就会变得特别内卷，同时也会掩盖每个人原本的特点。"王求安说。

（文／三街）

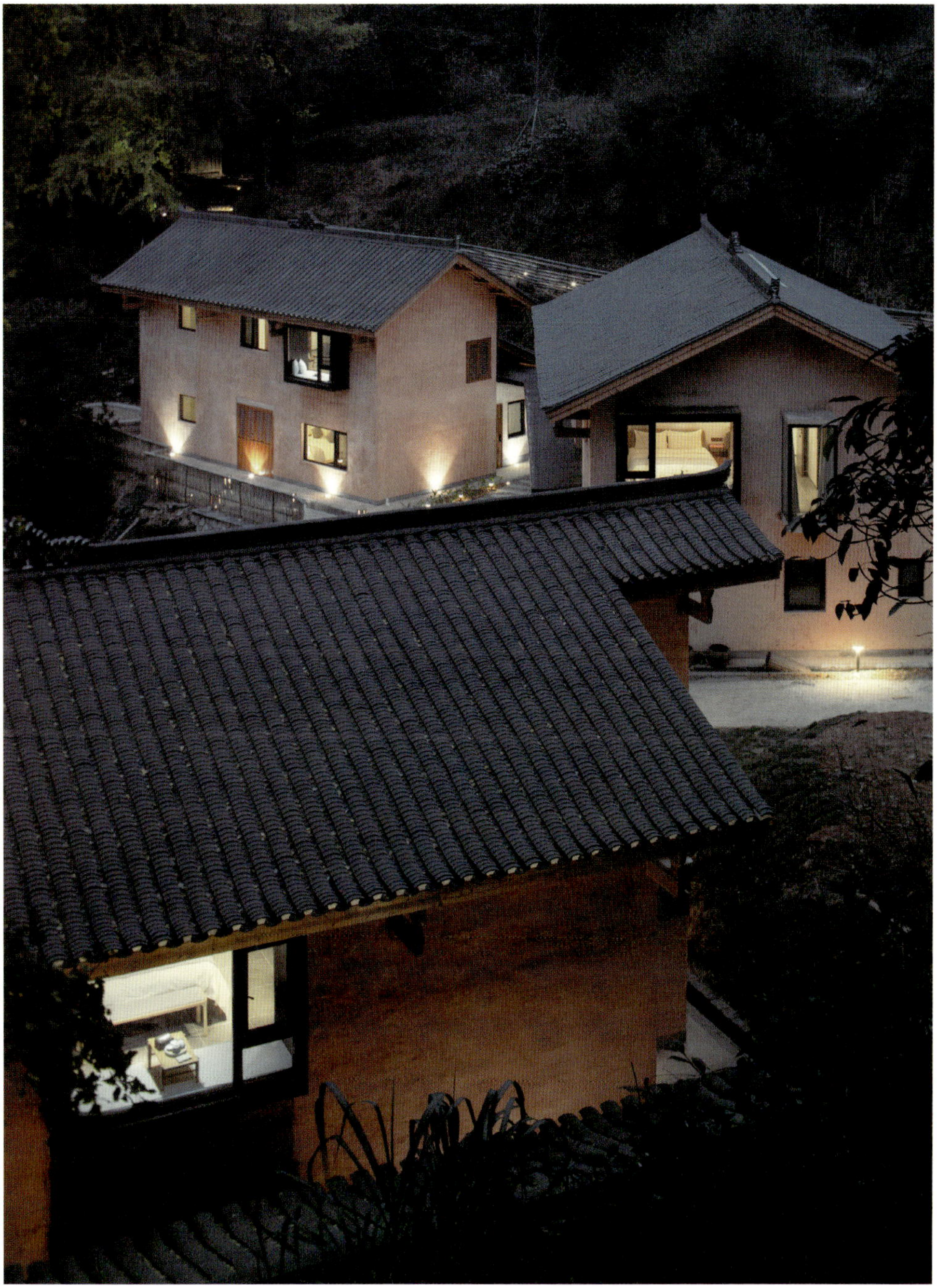

乡创英雄榜·周金枝 | RURAL INNOVATION HEROE - Zhou Jinzhi

周金枝
打造中国的"热带田园综合体"

ZHOU JINZHI, CREATING CHINA'S 'TROPICAL PASTORAL COMPLEX'

10 年总计 9.6 亿投入，销售额从 100 万到 2.9 亿，"新农人"周金枝把热带水果做成了大 IP。

乡创英雄·周金枝

RURAL INNOVATION HEROE - ZHOU JINZHI

海南喜禾农场创始人

乡创英雄榜·周金枝 | RURAL INNOVATION HEROE - Zhou Jinzhi

2023年2月，一条关于共享农庄的短视频突然爆火，视频的主角周金枝和她的先生，十年前花1.39亿元购入5000亩土地，十年间累计投入9.6亿，到2022年的年产值达到2.9亿。

为了一探共享农庄的核心发展模式，乡创中国创始人封新城亲自带队来到海南西线儋州市南丰镇油文村委会，采访了视频的女主角，也即嘉禾共享农庄的创始人周金枝。见到周金枝的时候，她正带着乡镇考察团参观，从眼下现状到长期规划，各种数据侃侃而谈，十几分钟的参观时间里，解答了现场所有人的疑问。

嘉禾共享农庄做的是什么生意呢？种植热带水果并通过年卡的形式配送到会员手中。1988元的水果卡，享受12个月12箱的热带水果，并赠送一程农场之旅，与30万会员共享海南种植、产品及旅游资源。

1982年出生的周金枝，外贸人转行农业，深耕农业10年，她独创了属于嘉禾共享农庄一二三产融合新模式，发展经验在海南全域推广。她用新鲜水果做敲门砖，敲开用户的门；通过农业和旅游结合的方式吸引大家来到农庄吃住玩；用企业品牌和区域公共品牌联动，开发更多海南的好产品，满足客户各种生活方式的需求，提升客户黏性，将一二三产进行深度融合，并通过三个产业乘以三个品牌的模式，丰富农业产业内涵，真正做到共享共建共富。

周金枝的创业三注重和三不要

在名为"一杯咖啡的时间"的咖啡馆里品尝海南咖啡，看芒果树、荔枝树如园林般错落有致蜿蜒上山，在"椰子日记 5D 裸眼馆"了解椰子漂洋过海来到海南的故事——在嘉禾农业的热带田园综合体云舍松涛·海南中国村里，热带水果的"吃、赏、玩、学"一应俱全，这里是海南第一个以热带水果 IP 为主题的乐园。

10 年前这里还只是橡胶林和破败砖厂，如今变成了集农业种植、农产品加工和乡村旅游、一、二、三产业融合的观光园，于 2022 年被评为金椰级共享农庄和五椰级乡村旅游点，被很多市民和游客评为心中的桃花源、海南田园慢生活必打卡的乡村旅游点。资本先行，探索热带高效农业路径，这座共享农庄不仅吸引了逾 53 万游客观光打卡，也引起了全国各地的乡创人、政府单位、企业纷纷上门取经。

只要有空，周金枝都会亲自接待正在实践中国农业乡创的朋友们。在她看来，要想在农业产业上有一番作为，一定要注重三件事：注重核心竞争力产品的研发、注重服务质量、注重创新商业模式。这是十年前一位创业成功的长辈的建议，她始终牢记于心，并在创业路上不断践行。

自 2013 年购买了这 5000 亩土地开始，周金枝便带领 8 个人的小团队跑遍海南岛进行乡野调查，了解到海南自然资源优秀、物产丰富，但是农特产品质差异极大，缺乏品牌标准和分级挑拣，很难服务追求健康生活方式的城市人群。

"海南不缺好的产品，缺的是高效走出的

乡创英雄榜·周金枝 | RURAL INNOVATION HEROE - Zhou Jinzhi

路径，再好的东西也不能达到想要的经济效益。"于是随后几年，在开发城市会员的同时，周金枝团队投入千万元进行撂荒地土壤改良、复肥休耕、道路村貌等土地环境治理，并奔赴全国各大农业、旅游项目学习考察，走访荷兰、法国、印尼、泰国等十多个国家学习先进农业技术，引进国外优质种苗。

2015年根据会员需求（他们需要什么？），结合各地做农业的实践（我们做不到什么？），嘉禾农业与中国热带农业科学院、浙江农科院等机构达成深度合作，制定537条标准和流程，推广农业标准化，涵盖新品种引进、种植过程管控、分级挑选、全国配送、售后服务等，并在海南儋州、浙江杭州设置冷链仓储中心，始终坚持严格的热带生鲜标准。

如今喜禾农场共有五大生鲜标准：农场直达、不滥用化肥农药、不添加甜蜜素和膨大剂、不化学保鲜、不化学催熟。严苛的标准，让海南的农产品有了可执行的产业方向，这也让嘉禾共享农庄的一产品牌喜禾农场拥有了核心竞争力。

与此同时，周金枝一直坚持"半箱以下按个赔，半箱以上整箱重发"的生鲜售后标准服务会员，凭借过硬的产品和服务质量，喜禾农场逐渐在江浙沪获得了认可。

在一产品牌喜禾农场的基础上，嘉禾共享农庄继续深挖农文旅资源融合，开发了二产品牌海岛印象和三产品牌云舍松涛·海南中国村。海岛印象深入研究海南在地文化，研发农创产品，提升农业附加值，云舍松涛·海南中国村将农耕的朴素自然之美与中国禅的返璞归真、修性静思结合，是以文化和文创为核心，热带农业生产、热带农业景观和热带农业产品为主要特色，涵盖农业体验、农产品文创展、自然教育研学、露营营地、特色康养民宿等板块的农文旅生态态度假目的地。

三个产业、三个品牌并驾齐驱，逐渐形成嘉禾共享农庄的发展内核，三个产业融合发展给嘉禾共享农庄注入灵魂，该发展模式获得了海南省委省政府的认可，在全省范围内推广。

不做好市场调研不启动项目，不明确核心竞争力不启动项目，不做好服务质量无法达到公司可持续发展的目标，周金枝愿意以自己的经验分享给所有的乡创人这样的"绝对三不"原则。

一二三产 X 三个品牌融合发展

嘉禾共享农庄是一开始就找到了一二三产融合的发展方向的吗？周金枝坦言，并非一开始就想到，而是经过多年地摸索和市场倒推，才最终形成独属于嘉禾农业的一产二产三产和三个品牌同步发展的路径。

嘉禾共享农庄的销售服务模式先于产品体系构建，以"自购省钱、分享赚钱"的社交新零售模式进行裂变。自 2013 年项目启动，嘉禾农业就以江浙沪为中心，以"会员年卡"为核心产品，将农产品和文旅度假结合，形成"一次下单、一年配送、一程旅行"的组合型服务，在全国 9 个省份扩大会员群体，截至 2022 年 12 月，喜禾农场已积累会员 30 万。

从 2013 年决定进军农业开始，连续两年，周金枝每两个月都会来海南一趟，她心里产生了开拓江浙沪市场的朦胧想法。"我每次回家，都把海南好的热带水果带给闺蜜吃，我把朋友们都邀请到群里，沟通反馈她们对海南水果的感受。"就这样，从 35 个闺蜜建群开始，一个月后群里就有了 500 人，群友全部都是家里有孩子、注重生活品质的中产阶层。

2015 年，微信社群营销刚刚兴起，周金枝的"农场直达舌尖"微信社交群迅速裂变，从第二年的 10000 人发展到现在的 2000 多个 500 人的社群。

2019 年，中国社交新零售风头渐起，周金枝踩准了节奏，为 2000 多个群设计出"自购省钱、分享赚钱"的新零售机制，并通过培训等方式扩大会员群体。如今还升级成了共享、共建、共富的机制，触达社交新零售模式的核心优势，各行各业的人来到这里相聚，实现了资源共享模式。

乡创英雄榜·周金枝 | RURAL INNOVATION HEROE - Zhou Jinzhi

"我们的会员中99%都是女性，注重家里的生活品质"，周金枝说，为了凝聚会员，她还在浙江杭州开设了"喜禾生活美学馆"，一年中不间断地组织沙龙活动，创新线上新零售与线下生活馆沉浸式体验场景，将"人、货、场"全面打通，服务江浙沪精准高端会员用户及全国企业共建合伙人。

全国会员达到7万的时候，周金枝开始建造300亩示范农场，让会员前来体验，这是市场倒推形成的战略部署。

由此，嘉禾共享农庄的三产农旅项目"云舍松涛海南中国村"开始策划建设，次年"云舍松涛书院民宿"落成营业，2022年嘉禾共享农庄"云舍松涛·海南中国村"项目一期的喜禾热带水果主题公园也相继开放，通过一年四季的乡村旅游文化活动，如花朝节、热带水果节、大地艺术节、东坡文化节将每年上百万的线下游客，转化为线上服务的会员，形成互联互动循环。

"很多会员吃我们的水果超过7年了，吃出了无法取代的信任感。真诚的服务和优秀的品质可以产生互相信任和深度关联。"在周金枝的产品体系里，水果只是敲门砖，所有海南优质特产都可以卖出去——换句话说，她真正贩卖的是健康的生活方式。周金枝的目标是：在全国拥有1万名共建合伙人和百万会员，让共享农庄真正实现"共建、共享、共同富裕"。

是新农人，也是创二代

由外贸人转型新农人的郑卫江周金枝夫妇一开始也受到来自家人和亲戚朋友的质疑，放着好好的外贸不干，要到千里之外的的海南干农业，他们能行吗？

时间拨回 2013 年，周金枝和先生郑卫江通过 1.39 亿元全资购买了位于海南省儋州市南丰镇的 4993.2 亩国有出让地。"关于如何开发这块土地开了一次家庭会议，当时先生提出要做农业，因为最近几年，每年国家的 1 号文件关注的都是农业发展，同时海南的自然禀赋和别的地方都不一样，是热带水果的产业基地。"

就这样，周金枝和郑卫江坚定信心一头扎进"农门"开始了创业之路，一个负责农业和建设，一个负责规划和销售。

周金枝没有盲目开拓，而是先考察市场规划路径。带着团队跑遍全球寻找样板。"比如法国芒通小镇，针对当地特产柠檬组织柠檬运动会、柠檬啤酒节，农业和旅游结合；比如日本东京的虹夕诺雅酒店，5000 多人民币一晚的高级酒店，早餐端上来一个外皮皱巴巴的荔枝，让我看到人们对水果已经超越了外观和价格，会关注水果本身是不是健康和好吃。这些都是我后来规划路径的参考模式。"

她还根据企业发展的需求不断学习和提升自我。从 2013 年开始创业，周金枝先后到海南大学学习农业、北京大学学习文化和旅游、清华大学学习适老化建筑，目前她还在报名香港中文大学的 EMBA 金融学。

周金枝凭着浙商的实干精神，为了解用户市场、打开销路下了不少功夫。她的策略是"站在江沪看全国"，经常亲自跟着配送车大街小巷地送货。从尝试销售到投资建设冷库，搭设喜禾农场网络平台、成立配送中心，她一个一个环节地跟进，配完货物还当起了销售客服，"消费者的意见和反馈特别重要。"她在实践中解答疑惑。

创业之路并非一帆风顺。2017 年 1 月，海口遭遇台风，刚开花的黑金刚莲雾全被打掉，交不出当月订单，周金枝与团队急得团团转，在尝试了各种调运等方法均失败后，周金枝带领团队全网发送两次短信道歉，并赠送双倍水果补偿，当月亏损 200 万，但也做到了零投诉。

在深耕农业的十年里，周金枝始终坚信"用一方水土，造福一方百姓"的朴素道理，她坚持以自有 5000 亩土地重点打造核心示范种植基地，整合带动南丰镇两个村委会（油文村委会、马岭排村委会），以"一个中心，两个村委会"5000 亩带动 50000 亩作为种植目标，通过免费发放柑橘苗、咖啡苗等方式带动周边农户订单种植，并在全岛联合 23 个联合种植热带水果，形成企业 + 合作社 + 农户的产、供、销全产业链种植联盟。

截至目前，嘉禾共享农庄吸纳就业 450 多人，其中解决周边农民就业 350 人，建档立卡贫困户 112 人，人均年增收达 3.6 万元以上。

同时，嘉禾共享农庄积极与当地的政府和乡村投资公司合作开展帮扶工作，截至目前，帮扶了儋州 10 个乡镇的脱贫户 8895 户 43049 人，累计发放分红收益 1529 万元。

于 2016 年相继成立嘉禾农业助学基金和嘉禾农业老年基金，已累计资助 16 名大学新生，共计资助 64000 元，累计慰问 65 岁以上老人逾 500 人次。

2019 年，周金枝获得了首届"儋州十大好人"荣誉称号。颁奖词是这样写的："哪里有轻而易举的点石成金，不过是一寸又一寸地辛勤开垦；哪里有不问来由的万众一心，不过是一份真心换另一份真心。小康路上的带头人，共同富裕的领头雁。老乡们的新家园，有你们夫妇的汗水和智慧。"

目标是中国的"热带农业迪士尼"

2021 年，周金枝荣获"海南省脱贫攻坚先进个人"荣誉称号，她决定：除了热带水果，还要把海南已有品牌的乡村振兴产品也放到自己庞大的销售体系当中，实现更大的产业振兴。

用了一年时间，周金枝甄选出海南 19 个市县的农业产业，提炼出一张"海岛印象卡"，卡片包括万宁的咖啡、白沙的茶、五指山的蜂蜜等海南特色产品，并为这张卡创造了一句 Slogan："重新定义热带农产品。"

随着嘉禾农业"一产"生鲜品牌"喜禾农场"、"二产"在地文创品牌"海岛印象"、"三产"农旅品牌"云舍松涛·海南中国村"陆续面市，

嘉禾共享农庄正逐步打造出了具有影响力的热带产品品牌矩阵，涵盖三个产业，形成了三乘以三的发展模式。

周金枝说，未来她想把农场打造成"热带农业迪士尼"，把山兰稻文化、咖啡文化等融入到农场中，建设完成百种热带珍稀水果观光带、海岛印象在地文化品牌街区、两山学院会议中心、国家级热带自然研学基地、热带雨林峡谷探险区和松涛天湖徒步度假区等业态。届时，将呈现由海南中西部农旅文化、黎苗特色文化和自然禀赋深度交织，三产深度融合的"热带田园综合体"。

"这是一个长期的事业，在农业产业上，我们还只是少年，未来还要花更多的时间去成长。"10年总计9.6亿投入，销售额从100万到去年2.9亿，到目前为止，嘉禾共享农庄已经逐步获得了产出。

"既然初心是农业产业的创新与发展，我想我们可以再做个10年、20年、30年，把嘉禾共享农庄做成百年农场。"这，就是周金枝面对疑问的最终答案。

（文／张君会）

乡创英雄榜·陈国栋 | RURAL INNOVATION HEROE - Chen Guodong

陈国栋
以"無名"为名,构造立体的乡村营建

CHEN GUODONG, KNOWN AS 'WUMING', BUILDS
A THREE-DIMENSIONAL RURAL CONSTRUCTION

从京都到贵州,乡建没有标准答案。

乡创英雄·陈国栋
RURAL INNOVATION HEROE - CHEN GUODONG

無名营造社创始人

乡创英雄榜·陈国栋 | RURAL INNOVATION HEROE - Chen Guodong

2023 年 5 月，被大家称为"村超"的乡村足球联赛在贵州省黔东南苗族侗族自治州榕江县（三宝侗寨）和美乡村如火如荼展开，很快就在互联网上获得广泛关注。同一时间，榕江县还有另一件对地方文化影响深远的事正在发生，却鲜为大众熟悉和理解：从日本留学归来的建筑设计师陈国栋正式与榕江县都江村都江小学签下 20 年租约，未来这里将成为一个"木构基地"。

"村超"能够唤起民众如此大的热情，并非是乡村足球队在技术战术层面比城市职业队更强，而是它呈现出来的纯粹、朴素、自然，那种自下而上的原始本能激活了人们的生命力。

同样的现象也发生在建筑学领域中。"在没有建筑师这个职业和建筑学这门学科前，那些默默无名、甚至称不上是匠人的人们，没有图纸，没有所谓专业训练，却造出了房子，他们是建筑师吗？"受到美国建筑师鲁道夫斯基在上世纪六十年代策划的名为《没有建筑师的建筑》的展览启发，2016 年在日本京都创立無名營造社的陈国栋，2017 年 6 月归国返乡落户贵州黔东南乡村，带领当地的"掌墨师"（掌控墨线的师傅）和更多的青年建筑师扎根中国乡村。

跟随無名營造社的乡村实践路径，可以一窥："没有建筑师的建筑"有哪些可能性？更多建筑师如何走进乡村？如何留在乡村？

真正好的建筑，是从土地中"孕育"出来的

2013 年到 2016 年在日本求学期间，陈国栋就经常回国在贵州做调研。他从那时起被黔东南的生产建筑禾仓所吸引。这是一种用来存放粮食的建筑，常常修建在水塘边，以备发生火灾时便于灭火。

"公共建筑并非为社会精英以及职业建筑师所有，而是产生于人民群众的不断持续的、自发的社会生产实践。不同地区的人民会根据他们的文化、地理、气候等因素设计出适用性的'风土建筑'。"这些属于乡村原始、神秘与古老的生活美学，恰恰是现代城市所缺少的。如果要对乡村进行设计，又缺乏对当地风土的调研，禾仓这类建筑就容易成为设计盲点。

犹记2017年夏天，国家对乡村建设的鼓励与支持带来了资金，黔东南许多村落都开始大兴土木，展开基础设施建设。这本是一件极好的事，但各种因素使然，很难在短时间之内以全局意识开展建设规划与设计。外来的建筑材料快速进入各个村落，一栋栋的砖房和"伪木屋"拔地而起，站在建筑师视角的陈国栋目睹这一切变化，一方面欣慰村民们的物质生活水平得以提高，另一方面对于当地特色建筑风貌不可避免遭到破坏而感到极度心痛。

无名营造社初期实践所在的茅贡镇，就拥有大量待保护的木结构建筑。坚信"真正好的建筑是从土地中孕育出来的"的陈国栋，比大部分人都懂得木构建筑对于体现黔东南"在地性"的意义。陈国栋认为建筑与饮食文化一样，最能直观反映一个地方气候、地理与人文的独特性。黔东南多山地且盛产木材，木构建筑便成为当地主要的建筑形式。不需要铁钉，也不需要其他辅助材料，只用卯榫结构便能修建出牢固可靠、环保可持续的各种建筑，其美学价值也是毋庸置疑的。那么木构建筑的保护和延续到底怎么做？

在茅贡镇，木结构连续循环、组合自由的形式，给予建筑形式的多种可能，而当地师傅们的技艺也颇为惊人：当地师傅们联手，能徒手在3天内建好一座高大木楼。这令作为建筑师的陈国栋惊叹。最终，茅贡镇经过设计，成为一个创意小镇。不仅满足文化休闲，也满足生产，还提供了本地产品、文化展示的空间。孵化中心的木结构书屋，让村里有了专门的阅读空间；砖木结合的乡创学院，既可用作村委会的会场，也可用于聚会；木构工厂设置在便于取材的村外；粮库艺术中心，则展陈当地的文化、艺术家的作品……

在理想与现实中打磨，走向"立体的乡村营建"

乡建不是"纸上的理想"。

2017年到2019这三年的实践中，無名营造社只做贵州的项目，但理想化的运营模式导致经营困难，期间都在努力维持生存。最难的时候陈国栋停发了自己的工资，从别的地方调动资金过来"倒贴"，给员工发工资以维持工作室的运营。与此同时，在实际的乡建过程中，中国乡村的复杂性也在颠覆着陈国栋对于乡村的理解，比如设计好但不能落地；建好却没能使用而被废弃；匮乏的乡村条件和存在的人文隔阂阻碍着建筑师与乡村的对话……陈国栋开始反思：怎么能够建立跟村民和土地真实的链接？怎么让乡村实践可持续？怎么让建筑师在乡村生存下去？这一切都是继续扎根乡村所需要突破的现实问题。

其中一条思路，是厘清了与"掌墨师"的关系。在建筑成为独属于专家范畴的学科之前，在不同地域不同时期的民间聚落里总会有一群人，他们对于自己生于斯长于斯的环境熟悉而敏感，擅长就地取材，具有极高的技术层面的创造力。他们能够把建筑恰到好处地融入当地自然环境，伊朗建筑师 Jamshid Kooros 曾这样描述这群民间匠人，"告诉他们把一个空间覆盖起来而且让光线透进去，结果肯定会令人大吃一惊，在有限的条件下，他们会找到无限的建筑可能性，有变化，有和谐"，这样的民间匠人在黔东南被称为"掌墨师"。

他们被视作藏在贵州的一种古老而又神秘的职业，说他们是木构建筑的"灵魂工程师"也不为过，不仅拥有精湛过人的技艺，还需要具备设计师的天赋，不需要借助精密复杂的工具，就可以设计出木构建筑的"建筑图纸"，工匠们就在掌墨师的指挥下，修建出一座座精密奇巧、雄伟壮观的木构建筑来。刚进入黔东南时，陈国栋就四处打听、寻访掌墨师们的踪迹，想要与他们进行深入的古代建筑师与现代建筑师之间的对话。

随着生活方式的现代化，完全照搬传统的木构建筑设计风格已经无法满足人们的个性化需求，陈国栋在为村民做的建筑设计中加入了新的设计思维，这在一开始并不被掌墨师们所理解和接受。双方都有不解和委屈，在掌墨师们看来，这些外来的年轻娃子哪里懂我们这里的建筑，这可是祖祖辈辈传下来的技艺。陈国栋的设计在他们看来做起来费劲又没有意义，不愿意配合。这也让陈国栋意识到，作为一名建筑师加入乡村建设，要做的工作绝不仅仅是

建筑设计那么简单。首先面对的困难，便是与当地人的语言沟通障碍，语言是意识形态的载体，是思维的反映，因此本质上是与当地匠人师傅们的思维沟通问题。

要解决这个问题，需要真正融入当地人视角，理解他们的文化思维，成为他们的"自己人"。这便要求外来的现代建筑师，需要具备更广阔更深厚的社会学思维，带着尊重与平等的学习态度，通过理解当地人文而被掌墨师们所理解。在一次与掌墨师们的饮酒聚会活动之后，陈国栋感受到，自己终于被师傅们所接纳了。这对于陈国栋来说，是突如其来的转折点，对于之后工作的展开是质上的突破。通过后续的合作，师傅们不再嫌陈国栋的设计"麻烦费劲"，而是变成了一种自豪感——能参与修建陈国栋设计的房屋，意味着对自身木工水平的肯定，也能从中学习到新的建造技艺。只是如今最年轻的掌墨师也有五六十岁，为了让这个古老的职业能够在当下继续生存与延续下去，陈国栋发起了一个"掌墨师计划"，这便是文章最开头提到的木构基地成立的初衷。

木构基地集生产、体验、研发于一体，将掌墨师们集结起来，在半工业化的辅助下工作效率与经济效益都得到提升。木构基地参考了日本上世纪七八十年代的在地装配式建筑生产模式，用两多年的时间研发出五六十栋木屋产品，并打出小样，在黔东南生产，计划在贵阳设立展场，卖到各地去。除此之外，无名营造社还尽可能带

乡创英雄榜·陈国栋 | RURAL INNOVATION HEROE - Chen Guodong

着掌墨师们走出黔东南、走出贵州去参加展览，甚至去讲课，帮助他们增长见闻、开拓思维、激活创新。"我们的梦想是带领木构师傅们走向全世界，在不同的地方建造房屋。"陈国栋说道。

如今，無名营造社已经形成两条实践路径：一是在黔东南运营好木构基地，让無名营造社从常规的设计工作室转变为一个研发型的设计机构；二是走出黔东南，在不同的乡村开展社会实践试验，在广东塘口也开设了平行工作室，对岭南的居住环境开展研究。塘口相对来说是一个更发达的乡村，可以依托周边的发达城市，再"反哺"黔东南的工作室。

关于乡建，没有标准答案就是最好的答案

创立至今，無名营造社先后完成了黎平县茅贡镇系列新木构建筑设计、黎平县黄岗村整体规划与系列建筑组团设计、雷山县白岩村整体规划和民宿组团设计、榕江县归柳杨宅设计、榕江县倚山人侗布技艺文化体验中心等项目。同时，伴随广东塘口工作室的设立，在岭南地区相继启动佛山紫南村民宿集群设计、佛山翰林湖合宿住宅设计、乳源大村综合服务中心、开平塘口宅群党群服务中心、开平塘口里苑民宿等项目设计。

秉承"挖掘在地民俗建筑营造智慧，传承并实践新乡土建筑营造可能性"的工作理念，無名营造社与在地默默无闻的乡村营造人士（村民、工匠师傅）共同劳作，搭建城市与乡村相互对话的空间平台，构建适应于当代乡镇发展的新乡土建筑营造。

無名营造社 95% 以上的项目都在乡村，乡土建筑（也是"无名建筑"）对于陈国栋为什么有如此强大的吸引力，借用《没有建筑师的建筑》这段话或许可以帮助我们理解："乡土建筑通常与时尚无关。它确实近乎永恒，而且是无可改进的，因为它所达到的目标已至善至美。"

乡建的答案是什么？或许没有标准的答案。正如无名营造社这些年在乡村的"摸爬滚打"——"养活自己的同时，我们折腾了很多。从侧面指导并反映我们的工作，不只是造房子。这让乡村营建更立体。"陈国栋曾在过往采访中如此说。

在走向"立体的乡村营建"的道路上，陈国栋认为，"建筑不只是空间或者功能，它是事件"。为此他推出了专门从事事件生产的"无名"子品牌——"無名青年"和"無名有物"，以事件策划的方式邀请建筑师、艺术家、当地年轻人等分享交流对于乡村的感受：2019 年跟重庆器空间联合策划的与重庆艺术家王俊相处"三天三夜"；2020 年，广东梵籁乐团到黄岗村开展的为期一周的音乐节；在视频网站开始"無名青年"的系列访谈节目……都是在这样的策划背景下"生产"出来的。

陈国栋说："首先我们关注设计的社会性，第二我们关注设计的普世性。"

为了让更多人认识乡村，理解乡村，留在乡村。他还与团队发起了"为老百姓公益造房子"计划，在工作之余为当地人设计居所，不收设计费。他曾在采访中说道："中国将近 6 亿的老百姓是居住在乡村的，也应当要享受到跟城市的居民一样的服务，尤其是设计的服务。"陈国栋曾在黔东南免费设计的两栋民宅，正是他作为一名建筑师，力所能及去发挥对居住的引导作用，通过对传统木构建筑的继承与创新，让村民们眼见为实——原来他们的传统建筑同样可以满足新的生活需求，且更加具有舒适性与审美价值。

在为侗寨归柳村一对夫妻设计民宅"归柳杨宅"时，综合考虑了物理价值、经济价值与社会价值的赋能这多种因素。首先要解决的是传统木构建筑的物理性缺点，不防风、不保暖，贵州山区冬天阴冷的难受陈国栋是体验过的，便把相关的研究实践结果都应用到这座民宅的居住舒适性改善上，重视外墙的保暖性、壁炉的设置、屋顶的采光与通风等。这夫妻俩没有种田，家庭收入不高，因此在设计屋子时陈国栋也会思考怎样利用空间来创造更多生产方式的可能性，通过精心的动线设计既保证了房屋主人家庭居住的私密性，又开拓出足够的空间来满足工作上所需的业态区域——无论是前来体验的城市孩子，还是村子里的留守儿童，都能在这栋屋子里愉快地学习玩耍。另一栋民宅的主人是一位

乡创英雄榜·陈国栋 | RURAL INNOVATION HEROE - Chen Guodong

喜欢喝酒的村民，陈国栋便将屋子的一楼设计为小型的酿酒坊和酒馆，既可以与朋友们在这里欢聚唱大歌，又可以接待游客体验酿酒和品酒。这两栋房屋的设计，让我们看到建筑师思考如何把建筑还给生活本身，如何运用周边资源具有创造力地解决新的生活需求，以及在建筑中激活生活带给个体的存在意义。

从無名营造社的乡建路径来看，乡村建设这条路充满了不确定性，需要用一定去中心化的方式，以开放性的思维去研究与摸索，坚持不懈地试错。这些尝试体现出对多节点多中心的平等性关注，着眼于当下的意义与个体的价值。陈国栋多次强调，"乡村在某种意义上来说是需要被试验和实践的，大家都没有答案。"没有答案，或许就是大自然给予的最好答案。

伴随着城市化发展，乡村的年轻人不断在流失，但也有一些像無名营造社这样一群青年，开始主动走进乡村，并愿意留下来。尽管从比例来看，他们是极少数人，但我们依然可以从这些年轻人身上看到人类社会与自然生态一样，有它必然巧妙和谐的演化规律——有人离开，就有人进驻。陈国栋和他的無名营造社成员，以作为建筑师有限的力量，在广袤的自然与无限的时空中，书写着他们自己或许都无法说得清的价值与意义。

（文／小爱、忧忧）

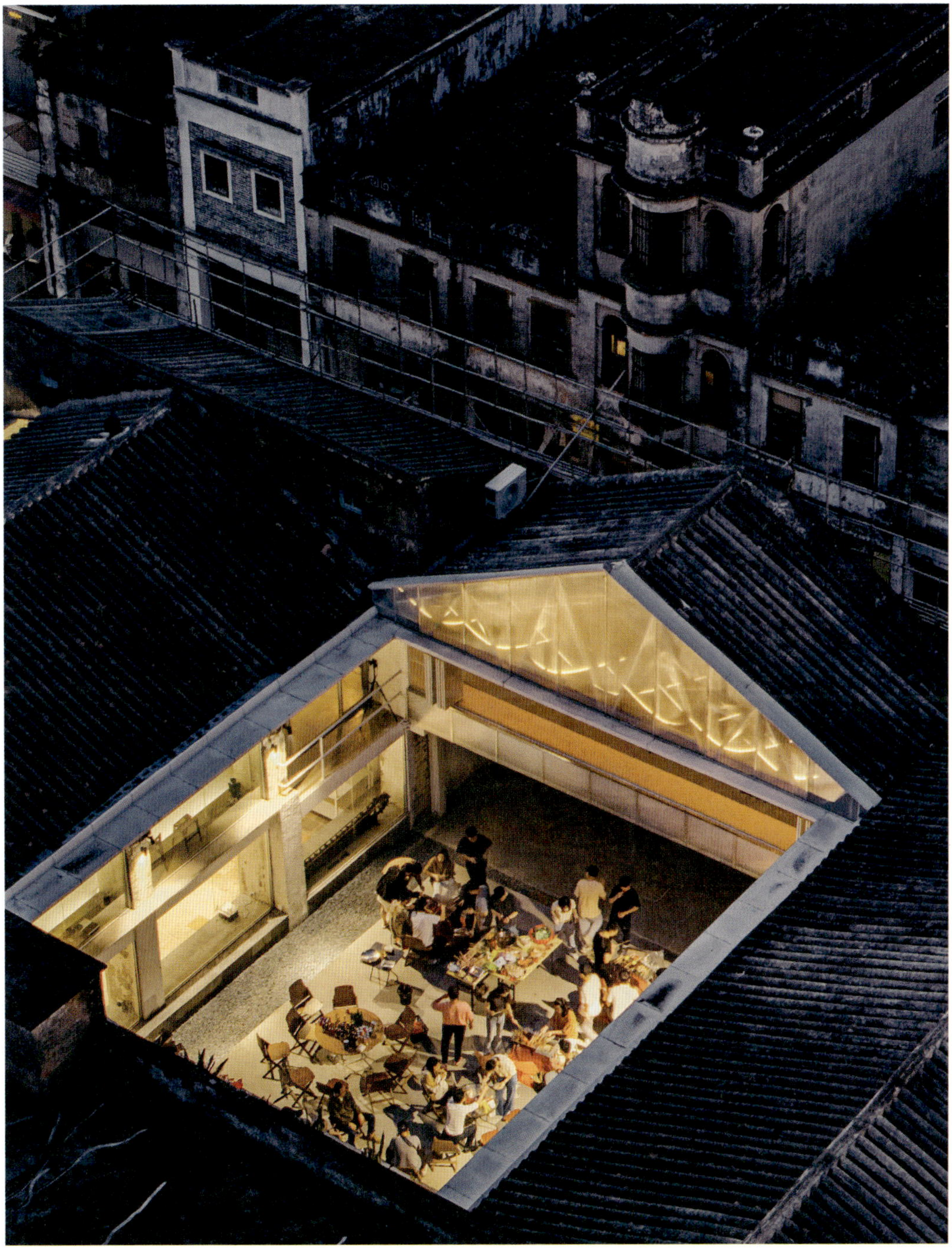

乡创英雄榜·左靖 | RURAL INNOVATION HEROE - Zuo Jing

左靖
从碧山到大南坡，行走在乡间的"大地诗人"

ZUO JING: FROM BISHAN TO DANANPO, WALKING THROUGH THE COUNTRYSIDE AS THE 'EARTH POET'

以艺术之名，为乡村搭建多维度的"桥"。

乡创英雄·**左靖**

RURAL INNOVATION HEROE - ZUO JING

策展人 /《碧山》主编 / 安徽大学副教授

乡创英雄榜·左靖 | RURAL INNOVATION HEROE - Zuo Jing

左靖的职业身份是一名教师、艺术策展人、乡建研究学者和杂志主编，但在与他的交谈中能明显感受到浓郁的"诗人"气质。这里说的"诗人"，并非现代意义上撰写诗歌形式文字的诗人，而是尼采在《悲剧的诞生》中诠释的古典诗人。古典诗人是最古老的职业之一，在酒神精神的鼓舞下，诗歌与戏剧、音乐并驾齐驱，对外部自然世界表达着人类心灵最深处的炙热、真挚、忧伤、哲思与对抗的精神语言。

正如海德格尔所言，"诗人的天职是还乡，还乡使故土成为亲近本源之处。"左靖身上就有着这种"诗人"天职般的乡愁气质，对乡村的尊重与热爱、好奇与憧憬、挫折与反思，丰富而复杂的信息交织在左靖的头脑里与行动上，在他参与的乡建工作中呈现出来。

一位理想主义者在乡村探索"长效设计"

左靖最早是通过《d设计之旅》丛书认识和了解日本设计活动家长冈贤明以及他的"长效设计"理念的。左靖对于书中提出的"长效设计"理念十分欣赏和认同，恰好有朋友在长冈贤明团队中工作，这便为2018年他将D&DEPARTMENT中国首店引入安徽碧山村提供了机遇。

D&DEPARTMENT的设计理念实际上受到业内许多艺术家和设计师的推崇，其中包括了川久保玲。长冈贤明对于每一家D&DEPARTMENT店铺的开店资格都有着

自己坚持的独特高要求，D&DEPARTMENT就像富士山，它不会向大众人群走去，而是要有相同理念的客群向自己走来。碧山店是D&DEPARTMENT继2013年首尔店之后在海外开设的第二家店，这件事本身就蕴含着极大的信息量，是左靖乡建理念的直观呈现。

当被问到D&DEPARTMENT中国首店没有开在北上广等一线城市，却落户于当时默默无闻的一个小山村意味着什么，左靖几乎是条件反射般表示，这个问题的提出就意味着不平等的视角。

"难道乡村就不应该拥有好的人文美学资源吗？"左靖反问，"难道这些店只有开在大城市里才合理？这样的观念本身就有问题。"让乡村平等拥有城市文化资源，是左靖从事乡建工作的核心内容之一，是他坚定不移的信念和目标。

将D&DEPARTMENT中国首店引入碧山村，不仅是左靖向乡村输送城市资源这一理念的典型事件，同时还象征着乡村建设设计本身，就需要走"长效设计"路线。"长效设计是物欲社会下人们正视生活的必然之路。"有人对"长效设计"做了这样的概述。现代人并不缺乏物质资源，但越来越无法从"物"中直接收获满足与幸福感。"长效设计"正是针对这一现象，协助人们从"物"中收获的不只是物质，更是通过"物"而进入此时此刻的时间与空间，对生活产生一种完整和谐的可持续性的领悟与热爱。

左靖认为"长效设计可以帮助人们重新发掘另一种事关人类幸福的价值观"，这样的观

乡创英雄榜·左靖 | RURAL INNOVATION HEROE - Zuo Jing

点可以追溯到哲学家海德格尔关于建筑本质的著作《筑·居·思》：

"让我们想一想两百多年前由农民的栖居所筑造起来的黑森林里的一座农家院落。在那里，使天、地、神、人纯一地进入物中的迫切能力把这座房屋安置起来了。它把院落安排在朝南避风的山坡上，在牧场之间靠近泉水的地方。它给院落一个宽阔地伸展的木板屋顶，这个屋顶以适当的倾斜度足以承荷冬日积雪的重压，并且深深地下伸，保护着房屋使之免受漫漫冬夜的狂风的损害。它没有忘记公用桌子后面的圣坛，它在房屋里为摇篮和棺材——在那里被叫做死亡之树（Totenbaum）——设置了神圣的场地，并且因此为同一屋顶下的老老少少预先勾勒了他们的时代进程的特征。筑造了这个农家院落的是一种手工艺，这种手工艺本身起源于栖居，依然需要用它的作为物的器械和框架。"

——海德格尔《筑·居·思》

"写我的文章不少，但真能表达出深度理解的极少"，左靖也明白这涉及到哲学层面的思考，不是一件容易的事。比起"向乡村输送城市资源"，"向城市输送乡村价值"更不容易被大众所理解，在世俗的观念里，乡村价值远远落后于城市，又谈什么输送呢？

但事实上，海德格尔早在西方工业文明发展初期就详细阐述了乡村价值对于城市的重要意义所在，建议受到居所困扰的现代城市人应当向乡村学习怎样正确通过"建筑物"来获得整体性的幸福感与满足感。海德格尔的哲学理念对于大众来说是艰涩的，只有各领域的知识分子不断加入到乡建工作中来，将自身的才能与资源转化成具体的形式输送给乡村，唤醒乡村古老的文化力量，再将其以现代艺术的方式输送给城市，左靖的乡建理念才能被更多人所深刻认识。

最初来到碧山村的团队里就有导演、作家、

画家、音乐人，"并不是只有建筑师"，左靖强调了这点。吸引有共同信念的人主动参与到乡建工作中来，这与长冈贤明的"长效设计"理念在本质上是契合的，正因为如此才让长冈贤明感叹，想不到中国的乡村里有和他想法一致的团队，从而同意让 D&DEPARTMENT 中国首店落户碧山村。

"长效设计"针对的也是唯经济论的"短期设计"，左靖非常反对缺乏长远可持续性发展的短视乡建活动，这对于宝贵的乡村文化实际上是一种破坏。"重视经济效应没有错，但唯经济论是糟糕的"，左靖坦然承认一开始进入乡建工作带有理想主义，可正是这种理想主义，才支撑着他在遇到实际困难感到无奈时，依然保持着不变的信念向前推进工作的步伐。一个自认悲观却如此坚定的理想主义者，一转眼间，就已经在乡村建设这个领域深耕了十多年，用行动践行了真正的"长效设计"。

以艺术之名，为乡村搭建多维度的"桥"

除了将 D&DEPARTMENT 中国首店引入碧山村，左靖还为河南大南坡带去了方所书店，这是方所书店开在乡村的第一家店。方所书店以专业的眼光为大南坡遴选出符合"在地性"的图书，这件事的意义已经很难以用语言文字去描述。正如博尔赫斯所言，天堂应是图书馆的模样。不管是碧山村的"碧山书局"还是大南坡的"方所书店"，都成为了乡村孩子们名副其实的"天堂"。

如果说书籍是眼睛触摸的天堂，那左靖并没有疏忽耳朵，五条人乐队带着音乐走入大南坡，是左靖所创造的另一个标志性的城市文化资源导入乡村的案例。五条人乐队在大南坡的表演，并不是把乡村作为承载城市美学延伸的背景。听见与被听见，音乐击穿抽象的语言符号屏障，感官信息直观冲击原始而平等的心灵，在那深处没有城乡的概念划分，只有属于人类共同的审美体验。来自城市的音乐，也唤醒了

乡创英雄榜·左靖 | RURAL INNOVATION HEROE - Zuo Jing

属于大南坡自己的沉寂已久的本土"声音"。

上世纪七十年代，大南坡曾因为煤矿而富裕热闹过，村子里有个怀梆戏团盛名一时。后来随着煤矿的关闭，大南坡的经济一落千丈，戏团也就自然而然解散了。但那段经济与精神生活都充实快乐的日子，一直潜藏在大南坡村民们的记忆中，在心底缅怀着。重新找回戏团演员们，重新把戏团组织起来排练和表演，重新让大南坡怀梆戏唱响山村。这样的活动绝不是形式主义，不是一种浮在表面的"文艺复兴"，它激活的是大南坡村民对本土文化的重新认识、抑制已久的本土文化自信与自尊以及对生活的全新热情。准确说，它唤醒了这块土地的生命力。

然而左靖他们所做的工作并不止如此，"桥"的功能是流通，是资源与信息的你来我往，现在该"向城市输送乡村价值"。于是找来了专业人员为怀梆戏团做了两张唱片，出品发行方是著名唱片厂牌摩登天空旗下的Modernsky Worldmusic，平面设计既富含大南坡本土元素，又具有现代艺术的设计感，唱片无论是录音还是木刻，制作都非常精致。左靖把这种在乡村本土进行的活动叫做"在地"，带着乡村文化走出去，在其他地方举办的活动叫"离村"。通过各种"离村"活动，左靖把乡村文化带到了上海、成都等大城市，这些城市都有着对多元化文化的包容力与吸收力。通过各种精心设计的文创产品、图书、影像，碧山和大南坡等乡村的真正价值展现在了城市人眼前，被阅读被欣赏被看见。

被看见与被听见，是一种文化得以保存的必要条件。左靖深知乡村文化的宝贵，但同时，经过多年的乡建实践，他也清醒地意识到，要保存、复苏、创新与推广这些文化并不容易。

一种文化消逝在历史中如同熵增是宇宙规律一般理所当然，要想反作用力实现熵减，使得文化不被岁月长河带走，需要付出极大的"功"来抵消这种熵增。为此左靖与所有乡建工作者都付出了长久的巨大努力，这种努力并不只是举办几次被人看到的活动，产出一些文创产品那么简单。这种努力的力量来源是对乡村文化有真挚热爱者才有的心血，渗透在日复一日的繁琐工作细节中，如西西弗斯般，坚持不懈推动巨石向上。

同时也有着西西弗斯式的痛苦，当工作缺乏足够的理解和支持时，左靖也会谈起自己的焦虑、困惑与悲观主义。但正如薛定谔对生命下的物理学定义一样，"人活着就是在对抗熵增定律，生命以负熵为生。"左靖的乡建工作也是如此，在焦虑、困惑与悲观主义中，生命力才从石缝中开花，让乡村文化在他们的努力下，绽放出朵朵奇迹。

筑造即栖居，乡村有诗意

2022年秋天，原本计划在大南坡举行的以"诗山河"为主题的第三届南坡秋兴没能如期实现，本来在秋兴上还要放映一部关于诗人于坚的纪录片。在大南坡左靖面对的困难并不只是如此，资金上缺少支持、各种因素的不确定性、专业运营团队的缺失都让他的乡建工作发展速度受限。

但这一年也有好消息，2022年底，"首届卷宗书店溯源奖"将年度展览项目颁给了大南坡计划。和左靖聊天，能强烈感受到他头脑中信息的丰富性和综合性，这一特质在他的乡建工作中十分鲜明地呈现了出来，从精神落地到物质上，一以贯之。评审团对大南坡的乡建风格用了"联合体"这个比喻，精准道出了左靖这一思想特点，认为这个项目综合了美学实践、地方营造等多种方式方法。这恰恰也是在上文中引用的海德格尔的"桥"的象征。

左靖曾谈到，对他以艺术策展来做乡建这一思路源头产生影响力最大的是台湾诗人和作词人钟永丰。钟永丰是台湾著名作词人，被作家马世芳誉为心中"当代中文世界作词的第一把好手，没有之一"。就在这几日，钟永丰的姐姐钟秀梅也前往大南坡实地进行了参观和考察。

钟永丰的歌词总是指向具有社会学意义的社会实践探索，字里行间蕴含的却是《诗经》中的古典诗人气质。引申到乡建工作中，便是左靖反复强调的"在地性"，要人回归到自由和自然的本真生活状态。

钟永丰曾说，"有时候，一个哲学命题要转成社会学；有时候，一个社会学命题要转成戏剧，一个戏剧要转成一个平常的对话。一个平常对话，你还想有场景感，要让它有哲学意义，产生文学张力，还要能够有音乐的可能性。这种转化就是创作者的基本工作。"同样，要把一种哲学思想转化为乡村设计与建设的具体工作，落实到每一栋建筑物、每一种产品设计、每一场艺术展览中，这已经超越了一般的艺术家或是建筑师的工作范畴。

左靖不是建筑师，但他却做着"筑造"的

乡创英雄榜·左靖 | RURAL INNOVATION HEROE - Zuo Jing

工作，他所"筑造"的这个物，是针对每个具体乡村的具体情况而产出的一个个文化"联合体"。

"筑造原始地意味着栖居。筑造乃是一种建立。作为保养的筑造（即拉丁语的colere, cultura）和作为建筑物之建立的筑造（即拉丁语的aedificare）——这两种筑造方式包含在真正的筑造即栖居中。但对于人类的日常经验来说，作为栖居的筑造，也即在大地上存在，自始就是——正如我们的语言十分美好地说出的那样——'习以为常的东西'。因此之故，这种筑造便让路给栖居所实行的多样方式，让路给保养和建立活动。这些活动随后取得了筑造这个名称，并借此独占了筑造的事情。筑造的真正意义，即栖居，陷于被遗忘状态中了。"

——海德格尔《筑·居·思》

行走在乡间大地上的左靖，从事着各种"在地性"的工作，他深知"大地"的哲学意义是什么，那是相对于彼岸的此在，是此时此地，是人的存在本身。哲学从来不易被人理解，将其转化为具体的"筑造"过程也绝非易事，但左靖突然像个孩子般欣喜地说到，"好在这块土地上，你所坚持做的事必然会被人看见。"这句话无意识地揭示了乡建工作者很难为世人真正理解的寂寞感，是的，乡村文化需要被看见，乡建工作者的努力也需要被看见。这种被看见，是乡建工作持续发展的需要，是向乡村引入更多资源的窗口，也是我们写下这篇文章的价值和意义。

采访的最后问左靖，让他在如此多无奈的困难与阻力下还能坚持乡建工作的动力是什么。左靖不假思索的真诚回答充满了哲思与诗意，他说，"不然还能做什么呢？"西西弗斯推动石头看似无意义，却从未停止。加缪在《西西弗斯的神话》中阐述了这种虚无的对抗恰恰是

生命存在的意义。

筑造即栖居，栖居即存在本身，存在本身就是筑造。当人存在，事情就在做下去，做事本身，就是存在所栖居的状态。左靖这句话，不经意间就道出了"诗意地栖居在大地上"的本体论。他是一位名副其实的"乡村诗人"，在乡村大地上谱写着诗意，这"大地"与"诗意"既是具体的乡村与乡建活动，也带有哲学层面的深远人文意义。

(文/小爱)

乡创英雄榜·陈文令 | RURAL INNOVATION HEROE - Chen Wenling

陈文令
奔向大地，但不要辜负这片土地

CHEN WENLING: RUSH TO THE EARTH,BUT DO NOT FAIL THIS LAND

欢迎来到大地艺术的新次元。

乡创英雄·陈文令

RURAL INNOVATION HEROE - CHEN WENLING

当代艺术家

乡创英雄榜·陈文令 | RURAL INNOVATION HEROE - Chen Wenling

福建人陈文令身高一米八。这个个子，在中国人对福建人的刻板印象来说，显然算得上是"巨人的身材"。有媒体这样形容过走路时的陈文令：斜着一边肩膀，径直大步往前走，那神情那姿态，好像所向披靡的一片海浪。

就是这样一个"移动的海浪"，成为了中国当代艺术家里"最特殊的一个"：别人玩概念，玩材料，玩意识流，陈文令另辟蹊径，他玩的是整个大自然，以及自己出生的土地上，能够给予自己创造作品的一切天然材质：从树叶到杂草，从鹅卵石到旧水管，只有你想不到的作品造型，就没有陈文令用不了的雕塑材料。

作为魔幻现实主义雕塑的"魔术师"，同时也是中国大型当代公共雕塑的开拓者，陈文令既通过作品诠释当代艺术，也通过雕塑展现自己认可和追求的生活方式。如果说当代艺术是要让你脑子"跟着动起来"，真实面对当下生存体验和感受以及个人状态的一种表现方式，那么他在大地上摆满的那些，被阳光照出童年生活和日常经验影子的雕塑，则让你不得不进入一个以风为伴，共雨同行，与泉水对话，和石子对弈的美丽新世界。

欢迎来到大地艺术的新次元。

作品即经历，造型即个性

有人说，从金谷乡村走出来的陈文令，有

一个迥异于常人的特点：特能"顶"，在闽南方言里，"顶"意为"对着干"，和"扛""抗"意思相同，也通常被闽南人理解为"叛逆"，甚至"逆风飞行"。

"逆风飞行"的陈文令，从老家福建安溪出发，往厦门求学，再到北京发展。他身上的身份和标签不少：意大利佛罗伦萨国立美术学院荣誉院士、中澳艺术大使、中国新水墨画院副院长、魔幻现实主义大师、雕塑IP狂魔、狂野艺术家……在以雕塑为主体的创作生涯中，他拓宽至装置、绘画、摄影、当代书法、艺术乡建等多个媒介载体，也写就了自己"作品即经历，造型即个性"的独特职业生涯。

他最为人所知的作品，就是"小红人"系列。2001年底，陈文令在厦门珍珠湾海滩举办主题为"红色记忆"的"小红人系列展览"，在艺术界一炮而红。二十年间，他的小红人在国际国内各大艺术展展出，成为中国最具标志性的雕塑作品之一：作品《笑傲江湖》被马云收藏，随后被摆在阿里巴巴总部门前；《童年》《游戏》《世外桃源》等作品被香港藏家黄建华收藏，随后被置于北京侨福芳草地门前，成为了一个地标。

"小红人"到底是怎么被创造出来的？陈文令给出的答案只有一个字：饿。这个四肢干瘦，全身修长的小红人形象，源自陈文令小时候对于饥饿的理解和回忆——

乡创英雄榜·陈文令 | RURAL INNOVATION HEROE - Chen Wenling

小时候，他肚子经常很饿，有一天，一个小伙伴终于按捺不住，偷偷用刀砍断了绑在铁栅栏上的猪尾巴拿来炖汤，但一大锅水只煮了几节猪尾巴，大家都在汤里抢着捞，但每个人能捞到的却特别少。鬼灵精怪的陈文令灵机一动，顺着水流的反方向捞，结果他大获全胜，但后来生产队来调查，说他偷了猪尾巴，陈文令坚决否认，也没出卖任何一个当年和自己一起捞猪尾巴的小伙伴。

一个"饿"字，共同塑造起了那代人青少年时期的集体记忆。但他却说，自己虽然创造了小红人，但不会被小红人的意象左右。"这个小红人，我将来把他切成萝卜片展出都有可能……他是我扮演出的不同角色，我可能一直演，演到死，但我不会为了保护一个概念或者符号，成为他的奴隶。"

那一年，他在厦门珍珠湾海滩首次展出小红人雕塑，但最初的计划其实是"小白人"。陈文令来到厦门海边之后，临时改变了想法："蓝天、碧海、绿草地、黄沙滩……我才发现，白小孩不对，红小孩才对！是自然景观，天然地把这个作品激活了。"

小红人的成功让陈文令意识到，作品只有融入自然，和天然环境无缝嫁接，才能是真正的好作品。这里的环境可以是自己首次展出的厦门海边，也可以是后来摆进的都市空间。

比如在 2001 年后的 20 年，2021 年 3 月，温哥华的耶鲁镇迎来了一尊城市雕像，作者就是小红人的创作者陈文令。这座雕塑高 18 英尺，重达 3 吨，作品名取自金庸的武侠小说《笑傲江湖》。凑近一看，你会发现这个赤身裸体、神情松弛、自由自在的"红孩儿"，正在呲牙对着观者庆祝。

外界的很多解读都认为，陈文令的小红人情结，最早始于 1969 年在中国福建泉州一段时光。那一年，他出生在泉州安溪县，长大后，家里买不起玩具，少年陈文令就用泥土做小人偶，用木炭在村里的白色石灰墙上作画。不管最开始画得怎么样，他画的一切，最终都给他带来了安慰、快乐，因为他一直都认为，只有真正的幸福，才能产生出最纯正的"阳光"。

这种把自己放置在自然里的无忧无虑的心态，被陈文令在日后形容为自己独有的"少年心态"，"不同历史背景，不同的心态，不同的生命状态，不同的展览形式，我把它拿出来扮演不同的角色。他就是一个时代的少年，我希望我活得再老，都能有一个少年的心态。"陈文令说。

2003 年，陈文令做了"幸福生活"系列，主角是在中国家喻户晓的猪——猪在民俗文化

里是财富的象征，猪往往很有生产力。创作出"幸福生活"系列的一个初衷，是陈文令在十多年前的《厦门晚报》上看到的一条新闻：有一只猪，一口气生了28只猪。他看完觉得太了不起了，随后还专门去拜访了这只"英雄母猪"。旺盛生育力的另一个侧面，是猪过于懒，过于安乐，所以它们长得快，死得也快。陈文令说，这和人类，尤其中国人的一些特性有点相似，所以他决定通过滑稽的猪的形象，把中国人当时的生存危机暗喻出来。

而他的另一个作品——《悬案》，则一如既往极具画面感：厮杀过后，满地是血，鳄鱼、鲨鱼、河马全都肚皮朝上，最后那个渔夫活下来了吗？借这个画面和作品，陈文令想表达的是一个古老命题：宽恕。

据媒体报道，《悬案》作品的原型，是他和女友(现在妻子)在鼓浪屿准备分手，却遭遇歹徒抢劫这件奇事。

1996年《厦门日报》刊发了一篇题为《难能可贵的自卫与自救》的报道，讲述一对青年男女在厦门海边被三个歹徒抢劫，男方奋力反抗，却身中数刀，手腕动脉被割开致血流遍全身，近乎丧命，成为当地轰动一时的血案。

这个故事的男主角，就是陈文令。

陈文令当时被砍20多刀，差点没了性命。他很生气，很愤怒，体内充满了仇恨，就像一个管子连接着你和你仇恨的人，你越仇恨，他的负能量就会一直往你这边跑。但他后来明白，只有宽恕，才是切断这根管子的最佳利器。

"放下，是为了他人也是为了自己。"

"在故乡大地，镌下一支乡愁诗歌"

"我想在故乡的大地上，镌下一支可传承百千年的乡愁诗歌。"陈文令说。

说干就干。在故乡的金谷溪畔建造溪岸艺术园，陈文令开始了把雕塑和作品嵌入大自然的"宏伟工程"。我们在开篇提到的，他特别能"顶"的性格特征，其实还有一个重要的溯源必要——

小时候，陈文令喜欢跟在哥哥屁股后面，两人就静静地在溪滩上捡拾鹅卵石。无聊的时候，陈文令就捡起一颗鹅卵石来好好观察。鹅卵石小小的，滑滑的，但它们棱角圆润、质地坚硬，这让陈文令很早就注意到，这一颗颗看似微小的鹅卵石，完全可以在未来作为雕塑材料，来表达自己对于空间、自然和个体发展的观点和想法。

而他在几年前主导的溪岸艺术园，选址就在荔枝林间，200多米长、二三十米宽、上下数米落差的杂地上。整个艺术公园选用上千吨的鹅卵石、条石、石构件等各色石材，采用中国画高远、深远、平远的意境造景，构筑亲水的休闲和审美空间，并以与环境相融的艺术表现方式，放置展出陈文令的雕塑作品。"比如，小红人就会采用陶瓷质地，适应水边比较潮湿的环境，避免发霉生锈。"陈文令说。

去过的人都说，陈文令的这个项目"可不简单"，因为"这是个玩心大发的项目"：动物形象随处巧妙出现。石缝里，石蛇正在冬眠，石雕老鼠忙着嫁女；石井中，石蛙坐井观天。

从小就塑造了陈文令空间感和价值观的鹅卵石，在这个艺术公园里起到了举足轻重的作用：小鹅卵石拼起的景观墙面，大鹅卵石因材施刻的鱼群游弋其上，争相游向石构件象征的"水眼"处。凑近一看，"眼"外还有海、还有鱼、还有景。陈文令说，这样设计，"就是要让匆忙的人错过风景。"

而那些被废弃的污水管，也被他用鹅卵石勾勒出独特的建筑形象，"有点像塔，有点像教堂，不具体指向，一千个人心里，可以对这个建筑有一千种不同角度和方向的解读。"

与其说他是在大地上设计，不如说他在乡土里玩乐。什么是一件好的大地艺术作品呢？它不需要太高，不需要太炫，不需要太酷，不需要太显眼，不需要太招摇，不需要举重若轻，也不需要声名远扬。你需要做的，就是尊重自然的规律，遵循土地的纹理，开拓大地的空间，去寻找到过去、现在和未来的乡土情结。

"父老乡亲在这片土地养育你，你要回来回馈这片土地，带来好和温暖，不应该辜负这片土地。我希望我的公共性能给予更多人关怀，每个人都能从我的艺术中看到一个点，一个层面。理论家，哲学家能看到（里面的那一层），但一个普通阿姨可以看到最表面的那一层。"陈文令说。

217

乡创英雄榜·陈文令 | RURAL INNOVATION HEROE - Chen Wenling

采访手记

吃饭时不脱礼帽的陈文令

在金谷溪岸艺术公园，村屋中间一条浅河谷的开阔地带。陈文令的哥哥和嫂子在扫地，还有一头羊在旁边打转。一块不规则的大石头上歪歪扭扭的写着"金谷溪岸"四个字，落款是丽珠。

陈文令碎步走在溪边，穿黑色皮夹克和黑牛仔裤，头上一顶牛仔礼帽加上脖子上的构成学图案围巾，橘色打底，整体驼黑。他指着其中一块大石："这块可以躺……这块石头适合两个老人坐这聊天……这块石头可以躺一个醉汉。这块悬在空中好像很危险，我故意创造一种危险感来提醒麻木的人性，但里面的结构很安全。我要给人最大的惊险和绝对的安全。"他一边走一边停不下来："在今天的中国，有两万两百七十几万个自然村，中国真正的强大是让农村强大。我用行动来回答这个问题，自己必须掏腰包。"

来到"金谷溪岸"几个大金字下面，陈文令有点得意："这个是我妈写的。看这个金字，笔画像用锄头一样，这样锄一下，那样锄一下。这个谷字，就像砍柴，一刀一刀。"

陈文令转身指着正在扫地的嫂子："这是我嫂子，我嫂子这种就是白干了，我发动我们整个家族出来搞公共公园。"

"水边的草我都不种，等它自己野生，羊

218

也可以来吃。看到那只羊了吗？在市场上快要被人买去杀掉，我把他买了。他知不知道是我救了他。"

对，该吃饭了。

陈文令没有停下来，带客人钻进一间水泥石头混合结构的房子吃饭喝茶。这是他待客的场所。在这个房子的顶部，建了一个透明鱼池，客人可以一边喝茶一边抬头看到锦鲤在头顶游动。通过旋转的石楼梯登上房顶的另外一侧，由一条屋顶小径延伸到一棵高大的荔枝树，在下面设置了座位，当荔枝成熟季节，伸手可摘荔枝。

就算吃饭，陈文令也没有脱下礼帽，像一个乡村里的牛仔或乡村里的绅士，乡绅或许就这个意思。

（文／弗航克ZHAO 图、采访手记／阿灿）

乡创运动与乡创学

RURAL CREATION MOVEMENT AND RURAL CREATION STUDIES

丁俊杰

中国传媒大学国家广告研究院院长

越来越多的人，正在把目光瞄准广袤的乡村。

这其中既有中央有关乡村振兴与农村工作的政策引领，也有如今城市模式破局探索的推动。在这轮滚滚历史大潮中，有这样一群人，他们以广袤的中国乡土大地为试验田，从南到北，各种行业从业者，从建筑、文旅、农业、艺术等多元角度切入，走进乡村，拥抱乡村，融入乡村，与乡村一起前行，这就是近年来兴起的乡创运动。

千年话题：城乡关系

在我看来，有关乡土与农村的各种探讨与实践，都无法回避一个本质性的话题，这就是城乡关系。在中国文化与历史中，有关城乡关系的探讨与表达屡见不鲜，对乡土的特殊情结贯穿了中国文化历史的全过程。有关城乡关系的讨论，不仅涉及经济和民生，更关系到中国人的文化灵魂和精神归宿。

中国古代，城市是历代王朝与基层士绅权力的交界点，乡村是政权单向汲取生存资源的土壤。"皇权不下县"的前提是士绅阶层成为乡村治理的代理人，乡村在中央政权的眼中是钱、粮、兵的来源，不造反、纳钱粮、供兵员是政权对乡村治理追求的目标，至于桃花源那样的乡村生活在实际历史中注定只是个案或者想象。

近代中国，乡村面临的情况远比西方更为糟糕，面对帝国主义、资本主义、封建主义三座大山的压迫，不仅仅是凋零的问题，而是基本生存权都无法保障。城市沦为权贵、官僚与冒险家的乐园，乡村的堕落与消亡不被看见而逐渐沦为历史的看客。"五四"运动先驱们的"新农村运动"与梁漱溟等人倡导的"乡村建设运动"也随着家国命运的跌宕起伏而变得命运多舛。

中华人民共和国成立以来，由于历史惯性与承继，奠定了中国乡村在政治视野中的角色与位置。但相较于乡村在政治上的拔高，城市仍然在经济与文化上居于优势地位。

改革开放以来，拥抱世界市场与经济的中国在城市化上一路高歌猛进，摩天大楼、CBD、工业园区等城市硬件基础设施成为国家名片和崛起的代表。相较之下，乡村在经历过短暂村镇企业的小高潮之后就长期沦为城市的劳动力供给地，在相当一段时期里，城市的扩张发展是以乡村的收缩为代价，乡村在服从工业化与城市化的过程中作出了巨大的牺牲。

理解乡村，才能懂得中国。社会学家费孝通在《乡土中国》（1948）中说道，"从基层看去，中国社会是乡土性的"。千年历史中的乡土生活所形成的文化心理与行为习惯具有超常的稳定性，相较而言几十年"短暂"的城市化进程并不足以彻底改变人们内心深处的乡土情结与牵挂。乡村问题对于中国的重要性，使得它从未远离过关注。乡村，依旧是中国人的情结与根基。不论中国人走多远，任何时候都要回头看一看乡村和乡土。

从中国城乡关系这个千年话题来说，乡创的意义在于我们先看见乡村，然后通过我们的努力让乡村被更多的人看见。

乡创：何以为学？

理论来源于实践。既然包括乡创在内的各类运动并不鲜见，现实已经提供了丰富的实践土壤和素材，那么"乡创"有没有可能成为一门学问呢？我认为，有可能。

一门学问之所以能成立，需要三个条件：问题、历史与结构。

先说问题，前面我们谈到城乡关系是一个跨越千年的话题，对于乡创来说也不例外。如何看待城乡关系？是乡创与以往乡建的重大差异。在以往的历次乡建运动中，有一个较为隐蔽的动机和视角，这就是"乡村城市化"。城市精英下沉到乡村，这是从古到近代乃至现代乡村建设的一个共性特征，但差异在于城市精英如何看待乡村。梁漱溟等人在近代中国的乡村实践动机在于乡村的经济与文化的凋敝，而梁等人是希望通过自己的努力将乡村状况进行改善，这其中城市成为乡村的评判标准。对于乡创而言，城市与乡村是平等的，城市不是乡村的答案，更不是终极目标，乡村也不是城市的备胎与兜底，而是一次城乡的互鉴与互救。

其次历史，作为一门学问要有自己的历史承继，没有过去就没有未来。从历史上看，有

关城乡关系的探讨以及乡村实践并不鲜见，如今的乡创并不是孤勇者，历史上知识分子的"向下看"是一个优良传统。在中国传统乡村治理和乡村建设中，知识分子起到相当重要的作用。从承继阳明心学的明代泰州学派，到近代中国晏阳初、梁漱溟、陶行知、孙伏园、熊佛西等，传统知识分子除了"治国平天下""致君尧舜上"等向上看的理想，更有俯下身以乡村建设为己任，以悲天悯人的家国意识、以挽救民族危机的历史使命感、以献己济世的伟大抱负、以坚韧的精神毅力、以简朴直接的平民风格，深入乡村民间，广施教化，对中国的传统乡村治理和思想文化建设产生深远影响。这些思想和实践既为今天的乡创提供了借鉴与参照，也留下了宝贵的精神遗产。

然后结构，与明代泰州学派注重乡民的儒道启蒙与朴素礼仪教化所不同，近代梁漱溟等人的乡村实践呈现出更为强烈的文教艺底色，比如晏阳初与陶行知从教育入手、梁漱溟从乡村文化复兴切入、熊佛西的农村话剧实验等。如今的乡创，多元化远超前辈，涵盖艺术、设计、农业、文旅、教育、健身体育、环保等领域，

输出形态与服务形式包括电商、旅游、培训、研学、社群等，乡创为他们的相遇打开了窗口，多元领域、行业与学科的碰撞，必然会产生出交叉与协同的效应，这就形成了乡创学的结构。

说乡创为学，并不是说有一门"乡创学"的学问和学科，而是从学问和学科角度来看，乡创具备了这样的可能性。

展望：四个关系

对于乡创而言，成为一门学问固然可喜，但如何不走歪才是更重要的，这取决于能否正确看待与处理好四个关系。

第一个是城市与乡村的关系。在长期的人类历史中，城市是生产力与生产资料集中的地方，相较于乡村的弱势与衰败，城市聚集了权力、资本与人才，乡村提供了消费市场、劳动力，孰轻孰重一目了然。如今的乡村，不是低城市一头，更不是等着被城市拯救。不论是建立国内经济循环的政策取向，还是在乡村寻找无处安放的灵魂归宿，都使得乡村成为与城市平起平坐的角色。平视，是看待城乡关系的应有之义。

第二个是乡创与乡毁的关系。乡村的衰败是乡创的逻辑起点，是乡村振兴的逻辑起点，也是精准扶贫的实践起点。乡村的毁坏是乡建的逻辑起点，但乡创的逻辑起点不止这些。乡创，是发现乡村之美、保留乡村之美、推广乡村之美的基础上，用乡愁之幽、乡景之美、乡情之纯、乡土之厚、乡产之丰、乡村之真……铸就一种让乡村自信而平静面对世界的姿态。说起农村，城里人看到的常常是"衰败"。其实，比乡村衰败更严重的是城市的变态。交通拥堵、空气污染、噪音超标……等等。解决城市变态的途径之一，恐怕还是要靠乡村。城里为什么要造一座假山，为什么要挖一个人工湖，为什么要在拥挤不堪的城里栽树？无非是在寻找一种乡景。乡创不是创造不存在的生活，不是创造人设的场景，而是把人们（包括城里人）从生活的矛盾和压迫中引到一种诗意栖居的环境。"告老还乡""解甲归田"在中国已经消失。也许乡创会让"告老还乡""解甲归田"重新成为中国社会的风景。乡创，是治疗中国城市病与中国人精神危机的良药。

第三个是城市精英与乡民的中国式关系。不可否认，历史上乡村实践中城市精英是以救世主或拯救者的角色降临乡村，这一点不论是泰州学派还是民国乡村建设运动都是如此。精英提供思想、教导与引领，乡民能做的就是配合。需要注意的是，中国城乡关系背后的底色是中华文明，这种文明的底层一定是平民主义而非精英主义文化基因。自古讲究人与自然和谐、人际关系平衡、社会均衡发展，知识分子阶层信奉的士大夫精神一向强调民贵、爱民，天下为公，与西方精英化现代化思想并不同。中国历史上和现实中，凡是以精英自诩或试图单纯以精英价值观主导社会发展者，结果基本都要失败，大城市精英主义也概莫能外。乡创追求的是大城市精英主义与乡村平民主义的有机融合，乡民不是听众与追随者，而是城市精英的合作者甚至是启蒙者，不管是法国巴比松画派还是如今的"白驹过隙"，给我们呈现的是乡民对城市精英思想的滋润与启迪。乡创，不是城市精英对乡民和乡村的单方面救赎，而是城市精英、乡民的共建与共创。

第四个是时间与空间的关系。如今的城市是被时间包围和驱动的，到处充斥着时间媒体。大家比谁跑得快、赚的多。这种追求时间性不仅在城市中有，在当下的乡村中有且不少。资本在乡村搞民宿、咖啡馆、农家乐等大都是投资时间，是要短期内的回报。而是乡创是要弱化时间性强化空间性，是做"大后天的生意"，是慢而非快，并不在于商业上的规模和利润，而将拥有一处田园、建设故乡小城、回到乡村去当作毕生的志愿。乡创，是以慢打快，以空间性对冲时间性。

结语

　　乡创，是一面旗帜。从这些案例来看，有关乡创的实践早已开花结果，切入点遍布各个领域与行业，乡创就像一面旗帜，把散落在五湖四海的探路者聚集在一起。有了旗帜，才能吸引人，才能扩大队伍和声势。

　　乡创，是一种继承。不管是封新城还是王大勇，都有一个共同特征，之前都是搞文化的（杂志主编、纪录片导演），这些文化人躬身入局，就像一百年前的先辈们那样，走进那片乡土大地。目前看到一些优秀的乡创项目大都分布在传统认知中的偏远地区，是在传统的城市视角之外，颇有点江湖之远的味道，但这些实践去探讨的内容、所引起的思考则关乎我们整个人类城市社会的未来。乡创，身居江湖而心系庙堂，倒是在无意间继承了中国精英阶层的家国情怀。

　　乡创，是一个开始。某种意义上讲，是摸着自己过河，中外都没有成熟现成的经验可以照搬。创新、创造，已经不是乡创要追求的目标，而是必须具备的基本特质。正如我们的先辈们那样，本没有路走的人多了渐渐有了路。

　　最后以荷兰建筑师库哈斯的一句话结束本文——"世界的未来，在乡村。"

《凤羽坝子》/ 布面油画 / 绘画：阿老姜

乡创
COOL FUTURE